U0678478

CHANGCAI 长财咨询 · 企业管理系列

MASTERY OF
FINANCE

WISDOM TO BUILD UP A SUCCESSFUL ENTERPRISE

刘国东／著

财务通

直 达 成 功 企 业 的 财 务 智 慧

社会科学文献出版社
SOCIAL SCIENCES ACADEMIC PRESS (CHINA)

刘国东

1973 年生于河北易县，1996 年大学毕业，先后供职于央企、民企，事务所合伙人。2008 年起曾开发讲授"企业所得税汇算清缴""税务稽查与应对""纳税筹划""财务分析""成本管理"等课程。

2012 年创建长财咨询。截至 2018 年 4 月，长财咨询已有 30 多家分／子公司布局全国，为中国众多快速发展的民营企业提供从财务系统建设到财务团队打造的全方位、陪伴式、系统化财务服务。

2012 年开发设计完成"财务系统""老板财务通"金牌课程，2015 年又推出"管理层财务思维"课程。

2014 年 8 月创立上海优波投资管理中心（有限合伙），旗下发起优波基金、长江基金、长江二号基金、喜马拉雅基金、喜马拉雅二号基金、Uboom 美元基金等多只私募基金，登上各主要私募基金平台的排名榜单。

2017 年 10 月，首家长财税务师事务所有限公司在杭州设立，正式开启长财税务师事务所联盟之路。

总 序

因为爱，所以走进你的世界！

我在讲"财务通"课程的时候，经常说这么一句话，"财务总监如果能够走出自己的世界，走进老板的世界，他的职业生涯将有很大的提升"。

一提到财务，很多人的第一感受是"面目可憎"——装着铁门的财务办公室、"斤斤计较"的报销审核会计、一堆"不知所云"的财务报表……似乎都让人提不起兴趣。

然而，企业发生的一系列事情，又让人不得不面对财务：国家税务管理越来越规范，企业税务风险逐步显现；资金管理越来越复杂，很多老板被企业的资金流转弄得晕头转向，占用了大量的工作时间；财务人员做不出老板想要的报表，老板决策还是靠拍脑袋……

财务，爱你不容易；恨你，又离不开你。

财务专业人员的能力和老板的需求之间，仿佛有一条看不见的鸿沟。

长财咨询深深扎根于中国企业的经营环境，对中国企业关于财务的"爱恨情仇"感同身受。针对广大企业的现实需求，推出了"财务通""财务系统""管理层财务思维"这三门财务培训课程。课程一推出，就得到了市场的热烈反响。

长财咨询基于对企业家创业精神的仰望、对企业家价值创造的尊敬，走进企业家的内心世界，帮助企业家理解企业管理规律、提升企业管理能力，让企业家有能力陪伴企业成长。

你变了，你的世界也就变了！

管理，等于"管 + 理"，理不清，就管不住。现代财务管理滥觞于帕乔利在六百多年前的伟大发明——复式记账法，以其无与伦比的严密逻辑性，几乎将企业所有的资源要素分门别类地归纳、汇总，呈现为能够直接指导经营决策的财务信息，使得企业管理变得有理有据，不再依靠"拍脑袋"来决策。

很多企业家在听过长财咨询的培训课程后，对财务的认识有了很大的提升。企业家在掌握了财务这个管理工具，具备了系统化思考、解决问题的能力之后，再面对以往在管理企业时那些看似毫无头绪、无从下手的问题，便能够凭借"财务"这个"抓手"将其抽丝剥茧、逐步理顺并最终解决。

六年多来，"财务通""财务系统""管理层财务思维"这三门课程已经开展了几十期，参训的企业有成千上万家，然而，中国有数千万家企业，能够有机会走进培训课程现场的还是极少数。大量的企业对浅显易懂、易操作、好落地的财务知识的需求远远没有得到满足。长财咨询针对这部分企业的需求，将这三门课程的内容整理成书，结集出版，以飨读者。

因为这套图书是根据现场课程内容整理出版，所以具有鲜明的特点。

场景化

在现场课程中，为了帮助学员理解抽象的财务概念，我经常会营造各种各样的企业管理场景，把财务知识点代入其中。这一特点在本套图书中得以很好地保留，读者在阅读过程中会发现这套书就像专为自己而写，有很强的代入感。

紧扣现实

在现场课程中，为了理论联系实际从而更具实战性，授课时都会对企业经营环境、国家最新财税政策做出解读。因此，本套图书中引用的经济、财税政策和法律法规都是最新的。

当然，即使长财咨询能够做到以最快的速度再版，图书毕竟有其自身的特点，无法做到像现场课程那样及时更新相关内容。因此，建议对内容更新需求强烈的读者走进长财咨询的课程现场，听听现场版的内容，效果更好。

工具化

本套图书中有大量的图表、工具，一方面，能够帮助读者理解财务知识点之间的内在逻辑关系；另一方面，这些模板、工具基本上都是可以拿来即用，迅速转化为企业实际可用的制度、流程、表单、工具，构建企业自己的管理制度体系。

多元化

本套图书虽然从书名看都是财务领域的图书，但是，内容不局限于财务领域。我深知企业对企业管理知识的需求更多是模糊、综合的，企业在管理中遇到的问题也往往是非结构化的，很难按照"战略、组织、营销、生产、人力、财务、企业文化"等"分科"诊疗，因此，基于长财咨询多年的咨询实践和强大的咨询师团队，本套图书中对与财务相关的战略、激励、股权、金融等方面的知识点均有所涉及。跨专业的知识体系有助于读者建立企业管理的整体概念，触类旁通。

让我们打开散发油墨香气的书本，一起走进神奇的财务世界吧！

前　言

《财务通》是长财咨询董事长刘国东老师主讲的为时三天的财务课程。很多老板一听是财务课程，觉得是财务人员来听，自己不需要听。但实际上长财咨询的这一课程是给老板、股东和总经理讲的，而不是给专业人士讲的，当然财务专业人士也可以听。这门课程不是从纯粹的财务角度出发的，而是从企业管理角度、企业经营结果出发来讲解的，所讲的是大财务，而不是做账、缴税的小财务。

《财务通》的内容

财务总监是不是应该从老板的角度考虑一下企业的财务？刘国东老师经常跟财务人士讲，财务总监如果能走出自己的世界，走进老板的世界，那么，财务总监将有很大的成长。财务总监应该走出自己专业的世界，走进老板的世界，知道老板在想什么，他是怎样理解财务的，他需要什么。长财咨询调查过很多企业，财务人员提供给管理层的一些明细资料，都是财务人员想给的，并非管理层想要的；财务总监给老板的明细资料是他想给的，而并不是老板想要的。

所以，财务人员应该换一个角度，角度不同，会发现对一件事情的看法也会不同。

爱学习财务的老板一般都不是那么"飘"的老板。这是什么意思？现在很多老板实际上已经非常"飘"，不再务实，追着趋势走，不再投入精力在企业的管理上，也不投入精力到企业的产品上，天天就到处"飘"，最后把企业"飘"死了。

学习不是目的，学习管理只是让企业变得更好。学习不是热闹一下的事，热闹解决不了企业的问题，爱学习财务的老板都具备成为企业家的基本素养。财务是比较理性的，学习财务，不可避免地涉及一些专业的知识，学起来会比较痛苦。长财咨询的财务课程不热闹，听完课以后，有很多人晚上都睡不着觉，甚至有可能后背发凉。老板们听一些别的课程，有可能回去之后想大干一场："我要怎样怎样……"但是听完刘老师的课是一种什么感受呢？听完之后都想把企业关掉。老板产生这样的反应很正常。因为刘老师只是说事实，但是事实并非那么美好。很多老板做企业并不一定快乐。做企业，老板的心态应该是"我高兴，我可以成就别人，我打造平台"，但事实上很多企业老板不是那样的，他们是担惊受怕的。

有的老板现在有些钱，但是想买辆好车都不敢。不管他这种担心有没有必要，但是他有这个担心，这个担心是客观存在的。也有很多老板问咨询师，"我的钱要不要存到国外去？"其实国外也不一定安全。当老板想到这个问题的时候，说明他心里是有所担心的。有很多企业遇到瓶颈，原因是老板内心产生了恐惧，而不是市场的问题。

那么老板就要问自己："我为什么要做企业？我想做成什么样的企业？我是要做企业家，还是赚点小钱？"如果只是赚点钱花一花，相信很多企业可以关门了，为什么关门？因为钱够花了。

有的老板说，"我挣的钱还不够我儿子、我孙子花。"别想那么远，挣多少钱，都未必够儿子、孙子花。那么，你究竟想要什么？是要企业现在就规范，还是说过几年再规范？老板是想撸起袖子大胆地干，还是偷偷摸摸地干？老板需要把这个事想明白。为了赚点钱干，还是为了做一个平台成就别人干，这么累值不值得，最终要什么？很多人因为上路太久，而忘了为什么出发。

所有这些都决定了老板的角色，因为老板的思维和想法改变了，可能他对事情的判断、决策就不一样了。具体到财务，无论财务相关的问题是否急迫，它都是实实在在的。财务问题一定是企业最重要的问题吗？很多人有这样的疑问，长财咨询的业务员都有这样的疑问。财务问题重要吗？财务问题重要不重要，要看对谁而言。对于一些企业而言，财务一点都不重要；对于另一些企业而言，在其特定阶段财务就是最重要的。笼统地说财务问题重要不重要，不好说。

财务问题是企业经营中客观存在的问

题，而不一定是老板急需解决的最重要的问题。对于企业而言，在某个特定阶段，可能营销是最重要的，产品都卖不掉，财务有什么用？因此这个阶段，营销最重要。而对即将上市的企业而言，那财务就变成最重要的。

所以财务既然是一个问题，那老板就需要花点时间学习一下，打开一个新的领域。老板们应该明白，财务的事情老板可以不亲自去做，但不能不懂它是怎么回事，懂得财务的内在逻辑就够了。

所以，回到主题，《财务通》讲的是什么？

《财务通》讲的是管理。《财务通》没有多少需要记在纸上的东西，《财务通》会给老板一种感受，那种感受是最重要的。有的老板说，原来我没考虑这些方面的事情，学习了《财务通》之后，现在我要考虑这些问题了。《财务通》就是要帮助老板找到这样的感觉，因为它影响老板未来的决策。

有的老板学习《财务通》，等着学习这个表、那个工具，或者努力记住某句话，其实那都不是最重要的。《财务通》是一种理念，它将改变老板的思维，改变老板做决策的模式。《财务通》的作用是

潜移默化的，它让老板对企业财务的作用有一个概念。

《财务通》讲的是管理，不是财务。什么叫管理，财务就是管理。小企业的管理，以业务为主导；大企业的管理，以财务为主导。很多知名企业的CEO都是财务出身。比如，阿里巴巴的"二号人物"蔡崇信、"三号人物"张勇都是财务管理出身，蔡崇信最早是投资银行出身。万科王石的接班人郁亮，原来是万科的财务总监。这些企业都找了一个财务管理出身的人做CEO。为什么这么做？万科的王石也好，阿里巴巴的马云也好，都是智商很高的人，他们的选择一定有道理。为什么财务出身的人可以操盘整个企业？其实一个优秀的总经理，一定是一个财务专家。要把销售出身或者其他专业出身的人变成财务专家很难，尤其是技术人员或工程师要成为财务专家更难。技术出身的人可能会迷恋专业领域的知识，对别的领域不以为意。因此，企业把财务专家直接变成总经理，这是比较容易走通的道路，实际上在世界500强企业中，有一半企业的CEO都是出身于财务，不用管为什么，这只是一个事实而已，原因很多。

企业管理的三个公式

每一个老板都想做一家优秀的企业，那么，《财务通》在这个公式中属于哪个部分？

可能有的老板会问，上面的这三个方面我们都不好，那企业就一般般？如果某一方面好，那就是挺好的企业？

一个好的团队、一个好的价值创造，不一定仅仅指企业的产品，企业的产品只是企业价值创造的载体。这个需要老板的深刻理解，企业的产品可能是变化的，比如，一个企业提供的服务是解决人的出行问题，具体可能是出租汽车、销售汽车或提供共享汽车、自行车等，可以做很多产品。这就是价值创造，价值创造不是简单的产品，产品是企业为客户提供价值的一个载体。产品是可以变化的，某一个阶段的产品是有生命周期的，但是价值创造的生命周期可能远远超过产品的生命周期。

每个老板不都想做一家优秀的企业吗？什么叫优秀的企业，有人说收入多、利润

高、现金多就是优秀的企业，但那是结果。那怎么做好企业呢？有三个要素：好的团队，好的价值创造，好的商业运营。长财咨询考察过很多企业，有些企业有好的技术、好的产品，不一定最后做得好，不一定赚钱。好的产品就一定赚钱吗？不一定。

很多企业存在一个困惑：价值创造和商业运营，到底谁对企业的贡献更大？有些企业产品价值创造不是那么好，主要复制其他企业的，别的企业干我也干，没有什么新的，大家都能干，但得益于好的商业运营，最后成功了。还有一种情况，这个企业的这个产品就是牛，别人都生产不了。

在实际的工作中，特别是初创企业，创始人和他的团队往往就会遇到这种情况。比如，搞技术的人认为我这个产品好、能赚钱。所以几个人开始合作，有的负责技术，有的负责财务、运营、销售等。这样，我拿 51% 的股份，你拿 49% 的股份。做产品的说了，我是最牛的，我应该拿 51% 的股份，你拿 49% 的股份。这样，两个创始人就开始产生矛盾了，大家对某一项因素对企业贡献的理解不一样。

好的产品一定要有好的运营相配合，没有好的运营，产品是无法变现的。不

能否定好的商业运营给企业带来的价值，为什么有些技术人员最后和产品运营人员无法合作？就是他们的认知不同。技术人员总是抱有一个观念：没有我的产品你什么都干不了。可以看到，很多网红企业，如某网络直播企业，突然火起来了，火完之后怎么发展？刚开始可能商业运营的作用较大，火起来之后，成了网红企业，主播对企业控制力度就会更强，之后他和原来的商业运营团队闹翻了，自己做也不一定能做好。

所以，一个优秀的企业需要三个要素：好的团队，好的价值创造，好的商业运营。《财务通》讲的是与商业运营相关的内容。

第二个公式：好的商业运营 = 好的商业模式 + 好的管理运营体系

什么叫好的运营？好的运营就是一个好的商业模式。企业的商业模式是什么？怎样才能赚到钱？答案是，要有好的管理运营体系。企业光有模式不行，还需要实际操作。财务、销售、采购、生产这些都得有管理，没有管理是不行的，企业不是自然而然就会成功。

第三个公式：好的管理运营体系 = 好的规划大系统 + 好的激励大系统 + 好的经营大系统

这三个公式最后会产生一个好的企业。很多老板到处上课，上所有与企业管理相关的课程，最终的目的就是让自己的企业变得比原来更好一点：比如企业风险降低了，企业的利润比以前高了，企业的管理团队、老板比以前轻松了，老板不再纠结了，这都是企业变好的迹象。企业变好还是变得不好，各有各的判断。但是一个优秀的企业一定具备这些要素：好的团队、好的价值创造、好的商业运营。

《财务通》讲的是与商业运营相关的内容，所以需要把商业运营进行深入阐述，进一步讲是跟管理相关，要实现好的商业运营 = 好的商业模式 + 好的管理运营体系。《财务通》内容不包括商业模式，现在讲商业模式的人太多，错误地把商业模式理解成"羊毛出在猪身上，狗买单"，没那么简单。那些别人讲的商业模式，你觉得挺有道理，但是你能用吗？你的企业的商业模式怎么改进？听了一堆的商业模式，企业根本不能用，结果是所有的老板都想搞平台，连做混凝土的都想搞一个平台，一头是建筑企业，另一头是混凝土搅拌站，可能吗？不可能。

所以，商业模式不是所谓的"羊毛出在猪身上，狗买单"这样感觉挺奇怪的东西。老板们要考虑的是你们的商业模式怎么升级，怎么变化。那些花里胡哨的商业模式是很好，但是和大部分企业没有关系，就像很多企业拍的宣传片一样，长城、黄河、长江……弄了一堆的元素，跟企业一点相关性都没有，很多东西是很好，但是跟大部分企业没有关系。不是好的东西就可以拿过来用，很多东西是用不上的。老板们需要的出发点在于：我的企业就是传统的行业，比如做门窗的、做建筑的，那么企业的商业模式如何改进？这是老板们需要考虑的，而不是不管自己是什么情况，都一窝蜂去学阿里巴巴。很多企业只是阿里巴巴生态系统中一个不起眼的螺丝钉，这样的企业离阿里巴巴越远，寿命才能越长；离阿里巴巴越近，死得越快。最后阿里巴巴把很多企业吃掉了，把很多企业压榨死了。还有一种商业模式，比如百度外卖，其实就是原本只有吃饭的和做饭的，突然出来一个人在中间插一杠子，说吃饭的、做饭的要通过我联系起来。这样的模式不是谁都适合、谁都能用的，大部分行业不一定适合。

那么好的商业运营、好的商业模式、好的管理运营体系，是所有企业追求的目标。财务管理跟企业的整个运营体系相关。为什么很多企业管理混乱，可以用一句话概括原因——"理不清，管不住"。管理＝管＋理，管是理的前提，如果理都理不清，怎么管呢？在理不清、管不住的情况下，很多老板的角色就是从大销售变成救火队长，这是很多老板的亲身经历。好的管理运营体系，标准是什么？它能自我运转，能离得开某个特定的人，能激活企业的员工。

一家企业良好的运作体系，需要精心设计，设计得好，等于给企业发展预先铺好了一条路，那样企业发展当然会比"摸着石头过河"要快很多，也能对未来的风险有应对的准备。企业掌舵人也就是企业老板的立场高低，决定了他能够看到企业发展前景的远近，通俗的说法是"站得高，望得远"，在企业管理上同样适用。例如，如果一个老板很好学，到处学习财务课程，但是他对财务课程的期望就是"老师，教我怎么偷点税"。老板的水平这么低，企业的发展也就岌岌可危了。作为企业的决策者，企业老板不能用一个问题占据全部大脑，以为少缴税就等于懂财务，那样企业不可能有什么发展。

企业的长远规划包括很多方面，如下文说的股权架构，就是会影响企业未来10～20年发展路径的规划。股权架构规划就是设计企业的整个股权架构。有些企业的股权架构就决定企业走不远。很多老板天天把"百年老店""基业长青"挂在嘴上，但是没有想过如何真正把百年老店、基业长青落实到行动上。怎么做，没有想过，更没有做过，十年后的事情太远，还是想着赚点快钱，捞一把是一把。指导思想不一样，动作就会不一样，只想赚点快钱的做法，跟真的要把企业做好并传承下去的做法，二者的结果一定会不一样。

企业老板的立场不一样，决定他看问题的眼光不一样，进一步决定他做事情的方式不一样。长财咨询接触过很多这样的老板，今天老板和老板娘作为股东成立一家企业，过两天，老板娘又和儿子作为股东成立一家企业，又过两天，老板和儿子成立一家企业……股权结构很乱。这样的企业怎么能基业长青、传承百年？就是一代都不知道怎么传，传到第三代一定得分

家，就算企业业务经营得再好，家族股权之争也会导致企业失败。很多老板根本没想过这个情况，他没有想过到了第三代，这个家族就得变成多少人，家族中跟这些企业有关系的人可能有几十个，这几十个人怎么持有这些企业的股份？假如有30多个人，每人持有3%的股权，他们在企业治理上就会打起来了。因此，股权设计不好，别说基业长青、百年老店，传到第二代、第三代就会出现问题。

重新回到上面的公式，好的规划大系统＋好的激励大系统＋好的经营大系统。现在说什么叫激励大系统。激励大系统和经营大系统很简单，可以用一句话来概括它们的作用。企业要做好，取决于与员工相关的两个要素，一是员工愿意做；二是员工会做。员工态度积极，非常愿意做，也不一定能够把事情做好，还要会做。企业如何做到让员工愿意做？很多企业老板有疑问，为什么员工干工作就是干不明白啊？员工干不明白有两个原因，一是员工根本就没想干，不愿意干；二是员工想干，但是不会干，干不好。激励大系统解决的是企业的员工愿不愿意干的问题，经营大系统解决的是企业的团队怎样正确干的问题。

管理的逻辑

很多老板有这样的想法，我从来没学过管理，甚至都没怎么上过学，我的企业做到今天不能说有多好，但是也还算可以。那我怎么做到的？我是个天才，不经过学习也能把企业管理得挺好的，有这样的可能么？确实有，原因可以从管理的逻辑里找。

管理的第一个维度，是管理的科学和管理的哲学

划分企业管理体系的第一个维度是管理的科学和管理的哲学。《财务通》讲的是管理的科学，不是管理的哲学。所谓的管理的哲学，每一家优秀的企业都有自己独特的经营哲学，比如，有的老板说，我们童叟无欺，要做良心产品，这是企业老板的哲学。中国有句古语"小胜靠智，大胜靠德"，那"德"其实就是和企业老板的处世哲学有关系的。举一个例子，对待事情的时候，老板用怎样的深层驱动力去处理这件事情？其实这包含两个方面，一个是哲学，另一个是科学。学习《论语》《资治通鉴》《孙子兵法》，就是在学

习管理的哲学，这些有实际的作用，每个老板都应该有自己的做人哲学。哲学没有对错之分，只要老板能自圆其说、让别人认可，并获得自己的团队认可，那就是好的团队哲学。但是，管理的哲学有其局限性。

这里用一个例子来说明管理的哲学和管理的科学之间的区别，比如，企业对员工进行考核，企业设计很多指标，不同指标设定不同的权重，权重定好以后打分，打分之后，考核得分高的员工奖金多，这就是一种科学的方法。那么管理的科学就一定是最好的吗？应用科学的管理手段，企业就一定能得到最好的管理效果吗？不一定。管理的科学是目前所有管理手段中最"不坏"的方法，不一定是最好的方法，有的时候也不能获得最佳的效果。绩效评估也好、业绩考核也好，原理、操作方式都是可以从课堂、书本里学到的，有很多教授一生都研究这样的管理的科学。但是用这种方法考核企业的每一个岗位，未必就能得到老板们想要的结果。有的企业老板问长财咨询的咨询师："老师，前台怎么考核？"咨询师问，你的前台拿多少工资？老板说，2000元。咨询师只能告诉他，2000元工资的前台还考核什么

啊，再"烤"就糊了。考核本身是需要付出成本的，就是考核这个管理行为本身，是要花时间、金钱去做记录、评价。前台的工资 2000 元，很可能考核前台所付出的成本都超过 2000 元，这样的考核就是得不偿失的。

而且，现在整个社会观念在改变，企业老板们也得随之改变。有些老板很会"来事"，拍拍员工的肩膀说："小伙子，你这个岗位不需要考核，因为我们相信你，不考核你做得比考核还要好。"这小伙子一听，哎呀！老板说不用考核我做得更好。这样老板就真的激发了他的潜能，中国有句古话："士为知己者死。"最后的结果真的比考核还好。这样的老板使用的就是管理的哲学。

管理的哲学，跟人性相关。有人说既然这招好使，那咱们别弄什么考核了，拍肩膀不就可以了吗？这样就坏事了，如果员工达到 5000 人，怎么拍肩膀？拍不了肩膀，因为每个人能影响的人数最多 7 个，也就是说你只能影响身边的 7 个人。这 7 个人在你眼皮底下，你不一定考核他，但好与不好，你的评价是很准确的。

如果是 7 个员工，企业的年终奖金，老板拍脑袋就给他们几个发了。这种方式有可能比科学的方法来得还准确，还有效果。因为就那几个人，老板可以拍脑袋。到年底可以发红包，这个人多少，那个人多少。那么，具体这个"多少"怎么来的？不知道，反正我就觉得你应该拿这么多，没有标准。即便没有标准，有可能最后结果比有标准算出来的都好。经常会出现这样的情况，人力资源部门运用一套科学的方法算了半年，老板一看觉得结果不行，最后还得老板自己凭感觉调整，老板调整的一定是他熟悉的那几个人，对于不熟悉的人，老板根本不知道他拿得多了还是少了，只有在老板身边的人，老板才了解。老板没调整就没问题了吗？也可能会有一些问题。那么，到底哪个方法好？如何操作？

一个优秀的企业家、一个优秀的企业，一定有其独特的经营哲学。这种经营哲学一定是创始人、老板的性格决定的，是老板的格局、眼界、价值观决定的。什么叫作管理的哲学？跟价值观、格局、文化有关系的叫作管理的哲学。

但这种方式是不是能替代管理的科学？答案是明确的，不是必然可以。企业只有 5 个人，可以；企业有 5000 人，不可以。所以，总结一个规律，管理的哲学决定管理的高度，管理的科学决定管理的宽度。一家企业，老板要想做大，复制成功经验，要使用管理的科学。虽然它不一定是最好的方法，但可以复制，而哲学不能复制。不要说5000人，就算企业只有500人，老板就弄不清楚谁是谁了，老板的能量就传达不下去了。所以，《财务通》讲的就是管理的科学。

很多企业老板对哲学很有研究，但是需要学习管理的科学。长财咨询专业研究管理的科学，在企业管理方面积累了丰富的知识、经验，能够帮客户提升管理效率。中国的企业缺少的是管理的哲学还是管理的科学？在中国的环境下，企业老板学习的大部分和管理相关的内容，都属于管理的哲学的范畴，比如，国学与企业管理。其实哲学与企业管理不具有直接的关系，是哲学影响老板的格局，老板影响了企业管理的哲学，关系是间接的。还有很多企业老板学道、学佛，等等，这样的学习，是跟企业老板自己相关的，不一定是和企业相关的，和企业管理也是间接相关的。如果学道可以做好企业的话，那岂不是应该把企业都交给道士管理？

美国人不懂中国的哲学，不懂《三十六计》《孙子兵法》，但是他们的很多企业做得挺好的。老板从早到晚捧着《三十六计》就能把企业干好，这才是很奇怪的事情。中国并不缺少管理的哲学，上下五千年的文明，耳濡目染就足够了。简单地说，中国企业缺少的是管理的科学，而不是管理的哲学。

老板们怎么看现在经常被提到的数字化管理、目标化管理？企业老板怎么给自己的企业定目标、做预算？业务流程怎么定？这些都属于科学的范畴。很多企业为什么管不住？因为没有流程或者流程不清晰。对企业管理体系进行划分的第二个纬度，是将其分为三个大系统，第一，规划大系统，是全方位的系统；第二，激励大系统；第三，经营大系统。规划大系统要解决企业顶层设计以及战略规划等问题，如企业人才规划属于规划大系统。

> **管理的第二个维度，是将其分为三个大系统，第一，规划大系统；第二，激励大系统；第三，经营大系统**

激励大系统解决员工愿不愿意干的问题。企业的员工都想把企业干好吗？企业的员工都希望企业越发展越好吗？企业的员工都付出了百分之百的努力吗？不一定。激励大系统包括股权激励、绩效考核、利润分享、平台创业等。当然，各模块还可以进一步细分，如绩效考核包括KPI、360度评分、平衡计分卡等。内容很多，老板们头都晕了："那我们企业选哪个啊？"这就是企业老板们要考虑的，选错了还不如不选。现在股权激励很火、很流行，老板们听完课之后很激动、很心动，于是就立即行动，动不动就分股权。难道把股权分完企业就被激活了？老板们把问题想得太简单了。

很多老板会犯一个错误，就是特别愿意学习、使用激励大系统的内容，认为企业干不好，原因就是企业的人不愿意干。老板们要想一想，企业干不好，有可能存在其他原因。比如，员工们都愿意干，就是不会干，有没有这种可能？一件事情有两个方面。老板只想着做股权激励，但是，如果企业做不好的原因是员工不会干，是市场的问题，是各种流程的问题，这种情况下，就算老板把股权都分给员工了，企业就能干好吗？照样干不好。更何况很多老板在企业效益好的时候、赚钱的时候没有分股权，闷头往自己兜里揣钱，眼看企业不行了、赔钱了，才把股权分给大家。用这种方法激活企业根本没用，就算把80%股权都分给员工也不会有什么好结果。

最近又刮起一阵风，稻盛和夫的阿米巴。对于很多企业来说，如果去做阿米巴一定是失败的。因为企业老板们都不知道最根本的东西，企业一共就3000万元收入，做什么阿米巴？阿米巴不是给年收入只有几千万元的企业准备的，而主要是用来解决大企业病的。阿米巴不是稻盛和夫的发明，很久之前就有了，在会计专业领域被叫作利润中心。一家企业的管理基础很差，财务数据都算不清楚，怎么能做阿米巴？最后弄出来一帮算小账的，这样的情况下，企业搞阿米巴的结果一定不是老板想要的，不做还好，做完更乱。企业老板们需要知道，阿米巴这种模式，70%的工作是财务。如果企业的文化不统一，老板不是强势的人，非要去搞阿米巴，结果就是企业分裂，迫使高管出去单干。所以，很多管理模式、方法，不是方法本身不对，而是将其应用在某一家特定的企业不一定对，选对了才能成功。

上面说的是激励大系统，这个激励大系统就解决一个问题，即愿不愿意干的问题。当然，激励跟企业文化、企业战略、企业人才战略相关，激励大系统的核心任务是解决权、责、利的问题。

那么，什么叫作经营大系统？经营大系统是解决怎么干的问题。经营大系统包括采购、销售、生产、财务等，都属于经营大系统。具体还可以细分为经营业务系统和经营信息系统。经营业务系统就是买、卖、生产；经营信息系统就是信息收集、传递、加工、报告、使用。财务系统是企业经营信息系统的核心。做企业跟带兵打仗一样，带一个班的时候，不用什么信息系统，也不用电台；带一个团的时候，指挥者必须有电台，必须有信息，要知道己方往哪儿打，敌方都在干什么，在什么位置。负责信息传递的就是经营信息系统。

财务系统是经营信息系统的核心，不是基础。当然，除了财务系统，经营信息系统还包括其他内容，比如，企业今年培养了两个销售总监。这两个销售总监算不算企业的经营信息啊？算。企业今天开发了 500 个新客户，算不算经营信息？算。但是企业开发的 500 个新客户，在企业的财务系统里很难体现。企业销售部门一般从客户关系管理系统（CRM）得到信息，企业开发了 500 个新客户属于经营信息，来自业务部门，而企业销售额、利润等大部分经营信息来自财务系统。

现在，我们对企业管理架构体系做一个总结，经营大系统解决的是什么问题？是"量、本、利"的问题。激励大系统解决的是什么问题？是"权、责、利"的问题。什么是"量、本、利"？"量"就是企业卖产品的规模、销售的数量，"本"就是企业的成本情况，"利"就是企业的利润情况。"量、本、利"和"权、责、利"之间是什么关系？有了"量、本、利"的"利"，才可能有"权、责、利"的"利"。"权、责、利"的"利"就是对企业产生利润的分配，利润不够分，再好的分配方案员工也不会满意，企业只有实现"量、本、利"的"利"增加，才能有更多的"利"去完成"权、责、利"的"利"。

企业所有机制就概括为这两个机制，一个是激励机制，另一个是经营机制。激励机制就是让员工把"权、责、利"弄明白，经营机制就是让企业赚到钱。

> **管理的第三个维度，是按职能划分企业的管理运营体系：第一，战略管理系统；第二，产品系统；第三，供应链系统；第四，营销系统；第五，激励系统；第六，财务系统；第七，品牌系统（文化系统）**

对企业管理体系进行划分的第三个维度，是按职能划分企业的经营管理体系。

真正建设整个管理运营体系的时候，还是要从职能的维度去考虑。整个管理运营体系分为：第一，战略管理系统；第二，产品系统；第三，供应链系统；第四，营销系统；第五，激励系统；第六，财务系统；第七，品牌系统（文化系统）。

企业管理体系的打造落地，需要按照职能划分，没有人在所有领域都很专业，需要分工。企业先建立小型的管理运营体系，等所有体系都健全了，再逐渐发展强壮，把这七个体系都建立好后，企业的管理运营体系健全了、完善了，企业就具备了"飞"的基础，就可以开始"飞"了。

财务系统与《财务通》的关系

财务系统具有三大职能：做好账、缴好税、管好钱。财务系统由五个系统构成：第一，财务战略支撑系统；第二，税系统；第三，账系统；第四，钱系统；第五，管控系统。财务战略支撑系统再细分包括：第一，财务职能规划；第二，财务组织架构设计；第三，财务岗位设定及岗位职责设定；第四，企业管理架构及股权架构设计。

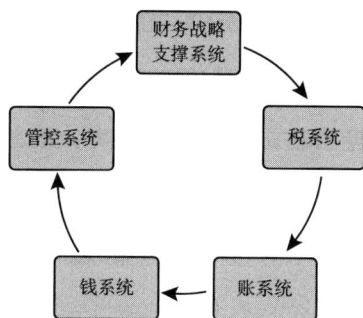

作为企业老板，需要了解的内容有企业管理运营架构，以及管理架构、股权架构设计。至于税系统，讲的是税务管理系统，老板们不用学太多，需要专业人员去操作。

《财务通》的内容与财务系统相关，但讲的不是财务系统本身，而是讲作为企业老板，应该利用这个财务系统得到什么，从而让企业变得更好。企业的经营管理与财务系统是有关系的，经营管理需要的报表来自财务系统。《财务通》不是治百病的神医，而是发现问题、解决问题的工具，比如，如果企业激励系统有问题，就去解决激励系统的问题。但对于老板来说，和财务相关的事有必要学习，因为财务是很重要的。

现在做一个回顾，《财务通》讲的是管理，讲的是管理的科学，包括与经营信息相关的内容、与商业运营相关的内容、与财务相关的内容。一个优秀的企业、好的企业，体现为好的团队、好的价值创造、好的商业运营、好的商业模式、好的管理运营体系、好的规划大系统、好的激励大系统、好的经营大系统。《财务通》是一颗螺丝钉，在企业这个大型机器的运转中为了最好的结果而努力。

第 1 章　**个人财富安全与企业规范经营**

很多老板有这样的想法,《财务通》架构很完善,但关键是我们家的钱还是不安全,还是要想尽办法保护自己的财产。虽然这个说法似乎没什么高度,但也是必须解决的问题。所以个人财富安全与企业规范经营,是《财务通》的一个重要内容板块。要明白什么叫作个人财富安全,个人财富安全是现在每个人都要关注的事情。

1.1 个人收入和财产信息系统

很多老板理不清家庭的事与企业的事。个人财富安全问题首先要有一个边界概念,就是老板个人、家庭和企业之间要建立隔离墙。

习近平总书记在中央全面深化改革领导小组第三十五次会议上强调,"推进个人收入和财产信息系统建设"。很多老板也看过这个新闻,但看完之后,根本没往心里去,因为不明白习总书记在讲什么。这句话的意思很简单,就是在将来的某一天,中国的每一个人的所有收入和财富将完全透明,不仅透明,而且要实时受到国家的监控。

这一点如何理解?可以对比一下美国,美国早就实现了这一点。美国今天是什么样,中国未来就是什么样。身份证号码就是纳税识别号,每个人都在税务机关登记成为纳税人。只要把身份证号码报给国家机关,一个人有多少账户、多少存款、多少房产等,就一目了然。当然,我们现在也能查,就是查起来程序比较复杂,还不那么方便。而以后查起来将是很方便的,随时都可以查,只要实时监控发现异常,就会马上进行通报。国家机关了解你的存款、房产等情况后,会问你这些钱是从哪儿来的，都是什么情况。

很多人可能习惯通过网络汇款，100万元的大额款项都能从一个人的银行账户直接打到另一个人的银行账户，而且大家都习以为常，并不觉得这有什么问题。在如今的美国，同样的事情是行不通的，资金的流动时刻受到国家机关的监控，如果海外的资金打入美国的个人账户，一般都不会受到检查，但是，美国国内个人账户之间如果有大额款项往来，马上就会引起国家机关的注意和审查，反洗钱机构要监控，税务局也会监控。

【案例】美国个人账户之间的资金往来监管

刘先生的孩子在美国治疗，急需资金，找到一个美国的朋友借钱，钱款从旧金山汇到洛杉矶，共计5万美元，形成美国账户之间的资金往来。结果刘先生在动用这笔资金的时候，被告知账户被冻结了。

被谁冻结了呢？不是被什么反洗钱机构，而是被联邦税务局冻结了。因为联邦税务局怀疑这笔钱是收入，应该缴税。刘先生就需要说明这笔钱不是收入。联邦税务局就会继续问，不是收入，是

不是别人捐赠给你的，捐赠的钱也得缴税。

刘先生再解释说不是捐赠，是朋友借给我的，以后还要还呢。跟中国人解释很容易理解，"朋友借给我一笔钱"。但是跟美国人解释，难度还是比较大的，因为美国人没有借钱的习惯。美国人的概念里根本不存在个人之间借钱的情况，借钱应该向银行借。因此，联邦税务局还是会问，什么朋友借给你5万美元，你给他什么利益了没有？刘先生解释说就是朋友，关系好。这样想说服美国人是很有难度的，几乎解释不清楚。

中国未来有一天也会和美国现在的情况一样，一个人有多少张银行卡，卡里有多少钱，钱是哪里来的，国家都是要问的，钱的来源要透明化、合法化。在将来的某一天，这种情况一定会到来。什么时候来？别着急，国家的那张大网还没有织完，得慢慢来。盘点最近两年的新闻就会发现，国家的这张网，先是要堵住钱跑到国外的路。如果国家贸然清查国内个人资金账户，要求补税，那资金就都会逃到国外了，所以，要先把资金外逃的路封死。把资金对外的出口封死之后，再从里面

"捉鱼"。现在外面的这张网还没有织好，正在做的工作是收集非居民纳税人账号涉税信息。

1.2 统一报告标准（CRS）

【知识链接】统一报告标准（CRS）

CRS是全世界很多国家和地区签订的一个协议，要求签约双方纳税信息互换。中国的税务机关要把非居民纳税人在中国开立的金融账户全部查清楚。2017年12月31日之前查完额度在600万元以上的金融账户；2018年12月31日之前要把所有的非居民纳税人金融账户全部查清，不管金额大小。

什么叫非居民纳税人？简单理解就是外国人。比如，某个中国人获得新加坡的国籍，那这个人就是中国的非居民纳税人。非居民就是持有外国籍的人和国外的企业，有些国外的企业也在中国开有账户。国外的企业不是中国的企业，是国外的企业在中国设立的分支机构。

很多老板会有疑问：这个和我有什么关系？对，是没有关系。中国为什么要查这些外国人？因为中国签了相关的协议，就需要履行协议，按照协议的要求去查。中国政府特别想知道，中国的企业老板在境外开立的金融账户里有多少钱？就是说中国政府想得到的信息是中国人在境外开的账户里有多少钱？但是中国政府没法去美国查。外国政府想知道本国的人在中国开的账户里有多少钱，也没办法自己查。所以大家进行谈判，签了协议，约定各自清查，之后进行信息互换，这样就不存在执法管辖地的问题。

因此，CRS的目的就是把中国国内资金外逃的路封死。现在已经都堵死了吗？还没有。但是，中国居民如果在境外账户里有很多钱，中国政府很快就会知道。目前，中国大陆个人要登录在境外的账户，必须先完整填写开户人所有跟CRS相关的信息；想把存在境外的大笔资金转出去，境外银行会要求提供钱的来源渠道证明，之后才可以划转。

当然，凡事有例外，美国很务实，希望全世界的钱都往美国跑，所以美国可以不参加CRS。美国的系统是非常完善的，这个信息要不要跟中国政府签协议互换，这是美国自己决定的事情。这个协议什么时候签，初步判断，未来3~5年，美国政府和中国政府是不会签的，美国跟其他国家政府也不会签。美国现在希望美元回流，如果签 CRS 协议，钱就不会往美国跑了。正是由于美国没签这个协议，所以现在全世界很多钱流入美国。资金放在美国是不是绝对安全？也不能保证，美国不跟中国政府换信息，但不等于美国政府不查资金来源。如果中国政府对某个人发出通缉，那么美国政府一定会过问。因为中国政府和美国、加拿大、澳大利亚签过其他协议，如果中国政府追查流出到国外的一笔钱，这笔钱会被当地政府没收，之后外国政府会把中国政府通缉的人送回中国，外国政府没收的钱和中国政府按约定比例分配。

所以，根据国际协议，各国政府要配合中国政府追缴外逃资金，但是在真实的操作过程中，情况是有差异的。一些政府比较讲信用，会按协议将外逃人员通过一定法律程序送回中国，并按比例归还一定比例的外逃资金。也有一些国家不执行协议约定。

【案例】美国对他国外逃资金的处理

2016 年，在美国洛杉矶有一个著名的广场叫作香港广场，被一个中国商人买下来。后来，中国政府通缉这个商人，美国逮捕了他并迅速把他的所有资产都没收了，如果这个中国商人是偷税漏税出逃的，美国最终将把他送回中国。

这就是中国的很多民营企业老板面临的问题，中国也在建立与美国类似的个人收入与财产监管体系。中国人的钱流入美国，美国政府是非常清晰地知道每一笔的。如果钱是从美国境外流入的，美国政府会睁只眼、闭只眼；如果钱是在美国本土流转，对于超过 5 万美元的汇款，美国政府会逐一检查。

1.3 银行账户分类管理

除了 CRS，民营企业老板还面临银行账户分类管理问题。所谓银行账户分类管理，就是一个人在一家银行只允许开立一个大额存款账户。国家为什么要管理银行账户？就是为了以后方便清查每个人在中国的金融系统（不仅包括银行，还包括证券、期货、基金等）里的资产情况。以前中国 14 亿人持有 70 多亿张银行卡，交易流水更是天文数字，就算用电脑查，也需要银行的人工干预，数据太多以致查不过来。所以，国家就对个人在银行的账户进行规定：一个人在一家银行只能有一个正常账户，即Ⅰ类账户，可以存款、购买理财产品、转账、消费、缴费支付、支取现金等，功能齐全；Ⅱ类账户，功能包括存款、购买理财产品、限定金额的消费和缴费支付等，与Ⅰ类账户的区别在于不能支取现金，而且消费和缴费都是有限定金额的，单日最高额度不超过1万元；Ⅲ类账户只能用于限定金额的消费和缴费支付，账户余额不得超过1000元，账户剩余资金应原路返回同名Ⅰ类账户。现在银行已经在执行这个政策，如果一个人在一家银行有多个账户，账户类型就会降级。以后，个人在银行的账户都成为稀缺资源，钱是无处可藏的。

1.4 大额交易报告

还有一个值得民营企业老板关注的问题，就是大额交易报告制度。什么叫大额交易报告？很简单，一个人一天从银行取5万元现金，对老板们来说这是一个很小的数目，但从银行提出5万元及以上现金

的交易会被反洗钱系统逐笔监控。同一天存入银行账户5万元及以上现金，也是逐笔被监控的。很多企业喜欢现金交易，每天存现金、取现金，不停倒腾，这些都会被监控。

美国对于现金交易的监控非常完善。2017年春节期间爆出一个新闻，"导演英达涉嫌洗钱在美国被捕，或入狱10年"。根据美国司法机关的指控书，英达居住在美国康涅狄格州，2011年4月到2012年3月，他先后把46.4万美元存入他和他妻子的联名账户。为了绕过监控，他每次存钱额度都低于1万美元，前后分50次存入。为了避人耳目，他和他妻子在四家银行开立了六个银行账户。美国对1万美元以下的存取是不监控的。英达自作聪明，化整为零，每次存入都不到1万美元，累计达几十万美元，构成恶意逃避政府监控，最终被逮捕。最后英达同意冻结他在康涅狄格州存入的17.6万美元现金，并补缴联邦税务局11.3万美元的未付联邦税，冻结部分资金和补缴的税款合计29万美元，此外还要支付2009年、2010年以及2011年三年的罚金和利息。

中国也和美国一样存在反洗钱监控，中国政府的监控标准不是1万美元，而是

5 万元人民币。如果中国人向境外汇出外币，则限额为 1 万美元，超过 1 万美元要逐笔审查。中国的反洗钱系统除了对现金交易进行监控外，对银行账户之间的交易同样进行监控，国内个人银行账户之间转账金额超过 20 万元的，都被逐笔监控。因此，不管是反洗钱还是税务审查，中国政府使用的都是同一套金融监控体系。

1.5　不动产登记

老板们还需要关注不动产登记问题。不动产登记就是全国的不动产都要联网。输入身份证号码之后，不仅可以把本人名下所有资产情况查出来，而且能把与本人相关的人名下的资产都直接查出来。比如，输入武大郎的名字，他老婆潘金莲的名字立马就出现了，现在中国的税务机关就能做到这一点。所以不动产登记系统联网之后，中国所有人持有不动产的情况将非常透明。

1.6　个人财富安全

需要关注的问题还有很多，比如，以后企业所有员工的工资必须通过银行代发，不允许发现金。所有员工的工资，不管是否需要缴纳个人所得税，都要在税务局的个人所得税系统进行个人所得税申报，否则在计算企业所得税的时候，不能作为成本费用扣除。银行代发工资这个政策，虽然现在没有"一刀切"，很多地方执行不到位，但是方向已经确定，未来是一定会实施的。

国家为什么要这么做？这是在编织一张网，这张网就是个人收入和财产信息系统。到目前为止，这张网还有一个"洞"没有补上，这个"洞"一旦补上，这张网就很严密了，这个"洞"叫遗产税。

比如，一个人现在很有钱，国家问，你的钱从哪儿来的？他可以说是祖先留下来的，因为是祖先留下来的，所以免税。如果把遗产税的漏洞堵上，祖先留下来的钱也得缴税，没缴过遗产税的遗产就不合法。

国家目前不会主动去查每一个人，但是如果查，那么所有资产、收入来源都能查清楚。在这个网完善之后，国家会怎么做？最激进的做法可能就是把所有人的资产一次性全部冻结，限定时间，比如 3 个月内提供合法来源证明。3 个月内提供不了，国家统一收税，税率为 40% 或者

45%。一次性征税，将偷逃税款的历史原罪一笔勾销。国家有权通过金融系统清查所有人的资产，要求没有合法来源的资产补税，直接从个人账户里将税款划走。

如果民营企业的老板对自己的纳税情况不太有底气，那么，存在银行的钱可能只是为国家代管而已。所以，从今天起，老板们要关心个人财富的安全。没有个人财富的安全，就没有企业的规范，也就无法撸起袖子、甩开胳膊干，天天琢磨怎么偷点税、赚点小钱，格局太低，企业没有发展前途。

有的老板说，我可以缴纳个人所得税，但是，个人所得税率最高达45%，太高了，缴纳20%的个人所得税还是能够接受。我们要清楚，安全的财富才是幸福的财富。有的老板很烦恼，虽然有点钱，但是这些钱安全吗？想买台好车，不敢买，怕有人问钱怎么来的；想办一家企业，注册资金多一点，也不敢，怕别人问注册资金哪儿来的。如果企业家做企业是让自己变得这样焦虑、恐惧，那是没有意义的。没钱的时候焦虑，有钱的时候更焦虑，钱越多越焦虑，这样做企业还有意义吗？

既然认识到这个问题，就要去解决它。从今天起，老板们应该开始关注个人

财富的安全。虽然国家目前不会主动追查每一个人的资产情况，但不等于国家不会追查个别人的财产来源，如果企业或老板个人出现违法违规情况，那国家就会追查企业老板的个人财产来源，即便声明是遗产，国家总能查清楚老板的家世渊源。

对于历史形成的问题，企业家目前也不必过于担心。从今天开始，虽然不能确保每一分钱都能说清合法来源，但必须逐渐提高家庭财产里有合法来源的比例。今天的行动决定了未来3～5年的结果。企业可以任意而为的时代已经过去了，国家不但正面强制企业要符合规范，而且会"抄后路"。企业不规范，那么老板赚的钱也不安全。

有人说，那我们就去国外吧。老板们要知道，国外那张"网"早就织好了，国内这张"网"还没有完全织好。一旦去了国外，就直接进入国外的"网"了，比中国的"网"还结实，更跑不掉。所以，老板们面前只有一条路，就是让自己的财富变得合法化、安全化。安全的财富才是幸福的财富。别比钱多钱少，钱多未必是好事，有可能成为祸害。

个人财富安全的重要性不言而喻，那么，企业老板的财富怎样才能安全呢？

老板要明确，个人（家庭）与企业是两个不同的法律主体，不要把企业的钱当成自己的钱

老板要明确，个人（家庭）与企业是两个不同的法律主体，一定要理解这个概念。老板不要把企业的钱当成自己的钱，这个错误意识要改。企业的钱是企业的钱，不是老板个人的钱。企业缺钱的时候，老板可以无限制对企业投资，但是，当企业赚了钱，老板想从企业拿走一分钱都没有那么容易。企业是属于老板的吗？不是的，企业在很大程度上是属于国家的，国家要征企业所得税，税率25%，这代表国家是所有企业不记名的股东，企业不但是股东的、老板的，还是国家的。所以，企业的钱是企业的钱，个人的钱是个人的钱，两者要分开。老板千万不要轻易从企业拿钱，很多老板总是把企业的钱当成自己的钱，这是错的，甚至可能会犯法。

【案例】真功夫、雷士照明两家企业老板的职务侵占罪

真功夫的老板蔡达标、雷士照明的老板吴长江，这两位老板都已经获罪入狱，罪名都是职务侵占罪。职务侵占罪就是老板从企业拿了钱，程序不合法，最后被判刑。

很多老板会有疑问，我们都从企业拿过钱呀。是的，确实中国的大部分民营企业老板都做过这样的事情。因为这些企业基本上都是单一股东制，没有其他小股东监督大股东从企业非法拿钱的行为，民不举、官不纠，国家也就没有追究这些老板的职务侵占罪。假设一家企业不是单一股东制，另有一个股东，持有企业5%的股份，或者只有1%的股份，如果大股东以董事长的身份利用职务之便，把企业的钱拿回自己家，那么，小股东可以用职务侵占罪把大股东送进监狱。

职务侵占罪是一个重罪。蔡达标怎么会出现这个问题呢？真功夫原来是潘宇海、潘敏峰姐弟经营，蔡达标、潘敏峰结婚后，蔡达标也参与到真功夫的经营中，并且获得了股权。此后，蔡达标、潘敏峰离婚，蔡达标和潘宇海争夺真功夫的控制权，潘宇海举报蔡达标抽逃资本、职务侵占，蔡达标获罪入狱。

很多老板可能觉得蔡达标很冤枉，作为企业董事长，从企业拿点钱就被判刑14年。但是，只要蔡达标的做法没有瑕疵，就不会被人举报，也不会被判刑。在中国，因为职务侵占罪被判刑的老板有很多。企业老板要知道，企业的财务人员把企业资金挪用了、偷走了叫职务侵占；即使老板持有100%的股权，违规从企业获得资金也属于职务侵占罪。

老板因为无法证实个人财富的合法来源而纠结、担心。大部分老板个人财富的主要部分，或者说至少原始的家庭财富来自企业，后来运用家庭财富去投资、做资产配置赚了钱，比如在股市赚了钱。用家庭资产做投资，那是家庭财富的管理问题，但家庭财富最根本的来源还是企业。所以，怎样合法地将企业的钱变成个人的钱，这是一个重要的课题。

判断方法是否可行有两个标准，一是尽量合法；二是成本尽量低。如果仅仅考虑合法，那很简单，缴纳45%的个人所得税就行了。但是，老板、高管肯定希望少缴税，所以需要设计路径。

把企业的钱变成老板自己的钱，每家企业用的方法不一定相同，但是不能想拿就拿。

绝大部分企业，老板从企业拿钱，财务人员会按照老板借企业的钱处理。如果这样处理，中国的税法将其视同分红，需要缴纳20%的个人所得税。因此，这样企业账面会形成债权，企业清算的时候，老板还得把钱还回去。

方法一：给老板和老板娘发工资

发工资是老板合法从企业拿钱的办法，有些企业老板从来没有考虑过企业怎么给自己发工资。这个任务应该交给企业的财务人员，工资怎么发、发多少，这些问题需要仔细考虑。如果这个月发3000元，下个月发3万元，税务局查询的时候就不好解释，显然，发工资也不能太随意，要有根据，如企业的董事会决议，聘请董事长兼任企业的总经理。

还有人问，企业应该给老板娘发多少工资？这得看老板娘在企业中的职位是什么，其他人做同样的岗位也要发同样多的工资。企业发工资不是发给老板娘个人的，而是发给这个岗位的。很多企业里老板娘当出纳，如果老板娘当出纳月工资比其他人当出纳高很多，那么这样的工资就是给人发的，而不是给岗位发的。

要不要老板娘做出纳

很多企业老板娘当出纳，而财务总监是外聘的，名义上出纳应该听财务总监的，但实际上是财务总监听出纳的。这种情况叫作错位，就是老板不干老板的事。老板干高层的事，高层干中层的事，中层干基层的事，最后逼得基层天天没事，晚上喝个小酒，考虑企业的未来，想着老板的事。所以老板娘可以当出纳，如果直接给她发很多的工资，就要提高她的级别，比如把老板娘直接任命为企业负责财务的副总裁。

很多老板和老板娘会问："老师，你说老板娘当出纳对不对啊？"其实，关键不在于谁当出纳，而在于怎么当。企业刚开始创业的时候，老板娘当出纳，小舅子负责采购，这就是最好的内控。什么差旅费标准都没有，没有标准比有标准还可怕，老板娘会逐笔过问。但是，企业永远这样下去肯定不行。

老板想明白了为什么要给自己发工资，就会想下一个问题：我今年给自己发工资了，但以前从来没给自己发过工资，觉得冤枉，以后多发点补上。如果企业规模够大，多发点也没有问题。老板的工资也要纳入企业的薪酬体系。如果一家企业的年收入才30万元，老板给自己发300万元工资，这是行不通的；如果一家企业的年收入有30亿元，那么给老板发500万元年薪也是可以的。但那样个人所得税率就比较高。有的人会想，我十多年都没发工资，能不能补发？不能补，因为当时没报税，没有报税的工资不能补发。

方法二：跨企业支付劳务

很多老板觉得缴纳个人所得税的成本太高，老板们追求的就是两点：第一成本低；第二安全。举个例子，郭总的企业做得不错，他有一帮朋友，也都有自己的企业。每家企业都可能有自己个性化的问题，大家也可能有同样的普遍问题，但问题出现的时间不一样。比如，任总的企业出现过一个问题，已经解决了，这时候郭总的企业出现了类似的问题，这个时候，郭总听取任总的意见应该比出去听课找答案更有效、更快捷。所以，要听有经验的人的话，每家企业都有必要使用"外脑"，尤其是企业到了一定规模的时候。郭总的企业要成立董事会，完善企业的治理结构。虽然企业原来就有董事会，但董事会的成员实际就是老板、老板娘、小舅子，做决策往往趋同。因此，郭总的企业需要重新组建董事会，比如，请9个老板给企业做董事，企业每个月开一次董事会，董事在会议上讨论解决企业遇到的问题，包括企业未来方向的问题。董事的时间都很宝贵，董事费每人2万元，9个董事一共18万元。任总的企业也需要请"外脑"，组建董事会，给董事支付费用。这样，郭总的企业请9老板做董事，每个月给董事支付18万元董事费，郭总自己也给这9个老板的企业做董事，收到18万元的董事费。董事报酬要扣税，在税法上属于劳务报酬，劳务报酬的个人所得税税率是20%，而且不是直接按照20%缴税，先扣掉20%，以扣掉之后的数字为基数缴纳20%的个人所得税，因此，劳务报酬的个人所得税税负实际是16%。例如，发2万元的董事报酬，扣除20%，等于1.6万元，再按照1.6万元的20%计算个人所得税，就是3200元，因此，发2万元董事报酬，需要缴纳的个人所得税是3200元。每家企业给9位董事发董事报酬，企业要每个月支付18万元的费用，利润少了18万元，如果企业按照25%的税率缴纳企业所得税，企业就可以每个月

少缴纳45000元的企业所得税。

企业使用老板个人资产应不应该付钱

还有一种方法，企业向股东借款并支付利息。当然，企业向股东借钱是有限额的，一般不允许超过注册资金的两倍，企业注册资金是1000万元，那企业最多向股东借2000万元，如果借得更多，利息就不能抵减企业所得税了。企业向股东借钱，要凭借款协议、股东的身份证去税务局代开发票，扣税之后剩下的钱就是股东的了。老板要了解，这样的利息产生的个人所得，是不和工资合并缴纳个人所得税的，中国的个人所得税是分类征收的，利息收入和工资薪金收入分开缴税。

方法三：对企业占用的个人的资产（车子、房子、资金）支付使用费。比如企业向股东支付借款的利息，支付个人车辆的租金，支付办公用房的房租

上面的方法还可以延伸一下。企业占用股东的钱，其实就是占用股东的资产。企业往往不仅占用股东的资金，还会占用股东其他的资产，如房产、车辆、无形

资产等。企业使用股东的资产要付租金。

有很多企业，老板自己买办公用房，给企业免费使用，结果这家企业既没有固定资产，也不支付房租，这是不正常的。企业能没有经营场所露天办公吗？企业租用股东的房产，也要支付房租，不能人为调节租金的高低。有人说，今年企业没有赢利就别付了。企业亏损是事实，不能掩盖企业真实的状态。企业当年亏损不用缴税，次年企业赢利就得缴税。但企业的赢利要先弥补亏损，剩下的才缴税，因此，有亏损要保留，以后年度的赢利就可以少缴税甚至不缴税。

企业使用股东的资产，交易要清晰，该开发票就开发票。有很多企业在全国各地有很多办事处，需要很多的房租发票，这是实际情况，营销人员可能在全国各地都有。地方政府要鼓励人们付房租开发票，就会降低税负，否则大家租房都不开发票。北京的街道办事处就可以给租房的人开具房租发票。街道办事处开发票是为了完成任务，不是为了赚钱，因此会将税务局返还的开票手续费全部返给租房的人。在北京，5000 元以下的租金，开票税率是 5%；5000 元以上的租金，开票

税率是 8%。税率是综合税率，包括个人所得税、房产税。发票上都有明细，不管缴多少，只要缴了，就代表房东的收入是合法的。

车子放企业名下还是个人名下

还有一些其他固定资产，例如车，企业也放在股东个人名下，这与把车放在企业名下的结果相差很大。个人买车，是用缴纳个人所得税后的收入买的。买一辆价值 30 万元的车，大概缴 20% 的个人所得税，就是企业给个人发 40 万元收入，需要扣 10 万元的个人所得税，剩下 30 万元买辆车。如果是企业买一辆价值 40 万元的车，企业可以抵 25% 的企业所得税，相当于只花了 75% 的钱，这样一算，差 50% 的税负。一般来说，在企业的账面上，车辆计提折旧满 4 年余值就很低了，这时候再卖给个人，办理一下车辆过户就可以了，比如折价 2000 元卖给股东个人。车在企业名下，保险费、修车费、加油费都可以在企业报销。而如果车在老板个人名下，这些费用都不能在企业报销。很多企业，车在老板个人名下，车辆相关费用都在企业报销了，甚至连保险

费都在企业报销。按照税法规定，个人名下的车辆的保险费只能个人承担，不能在企业报销。车辆在个人名下，要报销车辆使用费用，企业还得租用这辆车，这样才能报销油费。租车也有很多学问，租赁分"干租"和"湿租"。所谓"湿租"，最典型的例子就是租旅游企业的大巴，旅游企业不会让租车的人报销汽油费。汽油费是旅游企业的成本，租车人只承担租金、并且连车带人（司机）一块租，这和只租车不租人的"干租"是有区别的。

可能有人会说，前面的所有办法都不行，老板想快刀斩乱麻，这么多年从来没从企业拿过钱，现在想一次性拿走3000万元，然后彻底把企业变成大家的，做股权改革。有些老板的想法是"我干了这么多年，得给自己留一块"；有些老板的想法就是拿走一笔钱；有些老板的想法是"能不能把这个办公楼给我留下，其他的咋整都行"。这些想法很正常，因为老板总要把个人资产和企业资产进行区分。这个时候，发工资、租赁这些方法都不好用，必须有其他办法。

这种情况下，老板和企业之间可以做一个技术交易，方案设计要合法、合理，要具体问题具体分析。有些老板可能觉得上缴个人所得税和企业所得税，税负太高。如果正常从企业分配利润的话，企业利润先缴25%的企业所得税，1000万元利润缴25%企业所得税，就是250万元，分给股东个人的部分再缴20%的个人所得税，累计40%的税负。1000万元利润总额，缴250万元企业所得税，剩下750万元净利润，再扣20%即150万元的个人所得税。股东拿到的是750万元减去150万元，等于600万元；缴税一共是250万元加150万元，等于400万元，所以整体税负是40%。如果老板想确保股东个人的利益，那就得具体问题具体分析，没有通用的方案。

出售资产给企业是否都行得通

比如，股东把自己名下的一些资产卖给企业，是不是可以直接把钱从企业拿走？但是，很多企业老板名下没有资产，没法操作。那么，如果有形的资产没有，那是不是有无形的资产？如果老板名下有无形资产，这个交易模式能用吗？答案是，有的企业能用，有的企业不能用。如果一家企业几年内想上市，这个交易就最好不用。因为这种交易模式，会影响企业未来的利润。企业的固定资产或无形资产增加，后续的固定资产折旧、无形资产摊销都会降低企业未来的利润。比如，企业股东卖出一项价值3000万元的固定资产给企业，企业每年的折旧费用增加几百万元，企业利润就少几百万元。企业准备上市会希望利润多一点，这样的做法得不偿失。

企业规模不一样，发展战略不一样，股东从企业获取资金的方式就不一样

所以企业规模不一样，发展战略不一样，股东从企业获取资金的方式就不一样。有些企业在不影响未来利润的前提下可以接受股东提取资金，除了出售固定资产给企业，还可以转让技术，技术转让有税收优惠，比如，股东获取3000万元，企业增加了成本费用，并抵扣25%的企业所得税。有各种各样的交易方式，要根据各家企业的情况、规模、行业去设计专门的交易模式，解决老板想解决的问题。老板必须要做规划，不能想怎样就怎样。

方法四：股东出售技术给企业

1.7 企业规范经营

一提到企业规范经营，很多老板不以为然，他们可能认为，"我们不能规范，我们一规范就死了"。因为规范的成本、代价是很高的。这里，要明确以下几点。

规范是企业做大做强的必经之路

第一，规范是企业做大做强的必经之路。如果把企业当成事业去传承和发扬光大，那这家企业就必须规范；如果企业在老板的心中就是赚点钱的工具，那规范不规范不重要，别违法违规就行。所以老板们要思考企业未来的发展方向、企业的战略。不过，根据长财咨询多年企业咨询的经验，没有一个老板内心把企业仅仅当作赚钱的工具，都希望把企业做大做好。对于企业家，当钱不是问题的时候，就想到要有名，要安静做点事，甚至不赚钱都想做。

所以，企业未来一定要规范，不是国家逼着企业家做规范，而是企业家做企业的内在要求。做大做强的前提是做规范。

并不是说不规范就是错误，企业在刚刚起步阶段，可能没有条件做得完全规范。

规范需要一个过程

第二，规范需要一个过程。要是老板从来没想过做规范，怎么赚钱就怎么来，可能就会走很多弯路，那不是企业该走的路。企业规范需要一个过程，老板心中要明了这一点。企业刚刚起步，体量较小的时候，生存是最主要的任务；企业发展到一定的阶段，老板必须考虑规范的问题，否则企业走不远。有很多企业，规模大，风险更大，最后可能就会走不下去。有的老板想，多成立几家小企业是不是风险就不大？但是，这和企业的业务发展不匹配。企业要考虑很多问题，操作不规范的风险最后只能由老板承担。

企业经营的最大风险不一定全来自外部，也有可能来自内部。老板的内心有很多恐惧，怕员工离职，怕员工跑单，怕数据出事，这样企业就可能遇到发展瓶颈。做企业应该无所畏惧、勇往直前。做企业得快乐，没有快乐，天天担惊受怕，还有什么意思？所以要规范，规范了就不怕，老板就能走路带风，否则就算夹着尾巴，

国家也不会放过。

规范需要一个过程，每家企业的规范之路得提前考虑，因为规范也是需要时间的。如果企业想三五年以后上市，就应该从现在开始考虑，企业账务规范得慢慢梳理和推进。对有些行业来说，规范操作可能成为发展的障碍。比如，有的电商企业收入暴增，老板沾沾自喜，却没有想过，这也许就是走向灭亡的开始，因为老板被冲昏了头脑。在线上进行网店销售，收入5亿元很正常，明年5亿元变成5000万元，也很正常。收入不稳定，要想增加收入只有一个办法，就是做爆款，一般就得拼价格，便宜到企业不赚钱。现在很多企业，收入规模达到10亿元却不做了，为什么？白忙活不赚钱，价格太透明了，消费者都用比价软件，比谁价格更低，这让卖家没法经营。所以电商赚钱难度是很大的。有些产品决定其天然就是大众产品，不会有很高的利润率。中国最大的电商企业是京东，京东做到这么大规模都不赚钱，近期刚刚开始赢利，但不是靠网店销售赚钱，而是靠快递赚钱，因为京东的物流很厉害。那么一般的小企业，做电商赚钱就更为困难。现在有些老板做电商，感觉自己赚钱，但其实赚的是税。京东之所

以亏损，因为京东是上市企业，始终依法缴税。而小网店没有按照规矩缴税，所以赚了一部分税。如果依法缴税，绝大部分网店根本不赚钱。

但是，老板们要在战略上有规划，做好准备，要有规范的想法、要走规范的道路，应对市场环境的改变。当大环境改变，大家都缴税，谁也不靠偷税漏税赚钱，那样产品销售价格自然会提高，到那个时候，环境会变得公平，所有网店自然也就规范了。

> **规范分为对内规范和对外规范。对内规范主要是管理规范，对外规范主要是税务规范。对内规范不影响税负，任何一家企业的对内管理都要规范**

所以，规范是企业做大做强的必经之路，规范需要一个过程。说到规范，很多人可能只想到税务的规范，其实，一家企业的规范，不仅包括税务的规范，还包括管理的规范。规范分为对内规范、对外规范。所谓对外规范，主要就是税务规范。对内规范跟税没什么关系，主要指管理规范。老板有意愿让企业规范，至少对内一定要逐步规范。所以，规范要从内部

开始，因为这并不影响企业税负，企业管理规范有很多好处，流程规范一些、报表规范一些、核算规范一些，能算出来哪个产品赚钱、哪个产品赔钱；算出今年赚钱还是亏损；能够做出管理层需要的报表，每个月向销售部门、管理部门乃至老板提交。

下面重点阐述财务角度的规范，当然，一家企业在销售、采购、生产等方面可能都存在不规范的地方，《财务通》主要讲跟财务相关的规范。财务规范主要有以下几种。

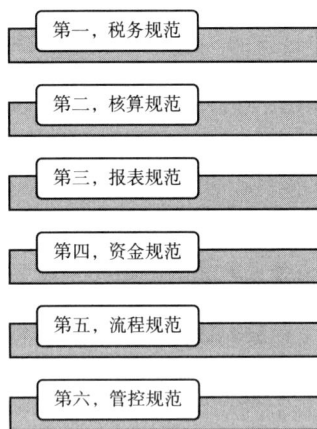

- 第一，税务规范
- 第二，核算规范
- 第三，报表规范
- 第四，资金规范
- 第五，流程规范
- 第六，管控规范

第一，税务规范。并不是要求马上就完全规范，一下子做到完全规范，可能企业的运转就会受影响。但是老板要知道这个问题，到了一定程度必须解决这个问题。

税务规范的成本是非常高的。有个老板一直想让财务算清楚，如果企业完全规范，成本具体有哪些。财务人员算不出来，于是找长财咨询的咨询师帮忙，最后发现规范成本很高。这家企业的利润率是15%，这是非常高的，但这是在不规范的情况下；税务规范之后，利润率肯定没有这么高。老板下定决心要规范，规范之后还会有另外的赚钱之道。虽然在不规范的情况下，企业有15%的利润率，假设一年赚2亿元，100年才赚200亿元，太慢了。长财咨询的咨询师算出规范后的利润率不到9%，规范的成本在7%左右。这个老板又请咨询师帮助企业设计规范路径，每年进行哪些规范，完成规范需要多长时间，企业什么时候上市，等等。只要老板下定决心，长财咨询的咨询师就能把战略规划完整地设计好。

虽然企业没办法一蹴而就地做到完全对外规范，但是老板心里要向往规范，有一天企业家能够正大光明地赚钱，正大光明地说赚了多少钱，正大光明地花钱，那将是多么轻松、美好的一件事！

第二，核算规范。有些企业对外规范不了，对内核算也算不明白。不要说成本算不明白，就连总数都算不明白，老板都不知道企业到底有多少家底，只是感觉家底挺厚的，做决策凭感觉。实际情况是很多企业根本算不准成本和收入，甚至财务人员都做不出财务报表。这样的企业，有些收入也达到几亿元，虽然个体户比较多，但不等于企业不需要算账。不管赚1分还是赚1亿元，都要把它算清楚。

第三，报表规范。企业要给管理层提供报表，包括给销售总监、采购总监、生产总监乃至老板。这些报表要做得规范一些，财务人员提供的报表不能连自己都看不明白，反映的信息和表达的方式要规范。

第四，资金规范。有些企业的资金流动乱得难以想象，老板自己都害怕，钱去哪儿了？为什么那么乱？企业做一件事情，承载的主体是企业，所有资金出口都应该是企业，要是企业没钱，老板个人出钱，那是企业借老板个人的钱。老板不能直接把钱付了，直接付一笔、两笔还能记住，但对大项目的投资，老板自己最后也会彻底搞不清楚。

资金流是企业业务的证据，钱从企业出去，可以说是企业的成本。如果连资金流也没有，什么凭据都没有，就无法证明是为企业花的钱。很多老板没有这个概念。企业资金流很乱，个人账户、企业账户混着用；外借的资金想怎么出账就怎么出账。企业业务的资金收付需要设计好，收钱付钱不能随意。其实，大部分企业，能够花钱的人没有几个，有备用金的人可以花钱，其他就是报销出账，那是要审批、预算的，钱从哪个口出都有规定的。老板要清楚，资金流有可能成为未来解决问题的重要证据，必须进行规范。借钱给企业没关系，但是不能直接替企业付款，否则，算不清是个人的还是企业的。资金规范也是对内规范，有些企业做两套账，似乎内账是准确的，但最后哪个真、哪个假，自己都乱套了，根源就是资金不规范。

第五，流程规范。不要把财务仅仅看成做账。长财咨询的咨询师在做咨询项目的时候，都要先梳理业务流程。为什么很多企业管理混乱？管理等于"管＋理"，理不清肯定管不住，理比管更重要。老板感觉企业不好管，就是因为业务理不顺，流程乱七八糟，想怎么样就怎么样。没有规矩何来方圆，企业的内部业务流程包括销售流程、采购流程、收款流程、付款流程、报销流程、借款流程、退货流程等，所有流程都要规范，因为流程规范是提高

效率的最佳方式。老板不要认为，不走流程似乎交易效率高，这样做的后果一定是未来管理效率下降，是前进三步后退两步的方式。经常听到企业里有人这样抱怨："走什么流程啊，多麻烦啊，效率低。"那只是个别人认为的效率低，不走流程将导致企业管理效率整体低下，一切工作变得混乱无序。

第六，管控规范。不管是分析决策、内部管控、成本控制还是目标管理，企业都要做到规范。做企业管控就是管理、控制。有的老板说："我们现在不要控制，我们要放，我们要以人为本。"这样的想法错了，企业必须管控，不是人不值得信赖，而是不能把企业的运营建立在老板对某个人的信赖的基础上。因为信赖是有时效性的，今天信，明天就有可能不信，这是很多老板会犯的错误。既要讲本分，也要讲情分。不论是谁，都要先讲本分，有了本分才会有情分；如果没有本分，情分早晚都不在。管控就是管理控制岗位、流程，不管对具体的人信任或不信任。比如，出纳管钱，企业要对钱做监控，要有会计和财务经理，对现金要有定时的盘点和没有计划的突击盘点。从出纳的角度，他肯定感受不好，"不信任我啊，盘点我

管的现金"。其实，这根本不是信任不信任的问题，这是本分。企业管理的问题都一样，不是不信任，老板可以谁都信任，但是信任是建立在本分的基础之上。不能先讲情分，忽视本分，那样最后情分也会消失；先讲本分再讲情分，情分没了，还有本分。所以，老板跟员工对话的时候得选对角度。有些员工只能讲本分，有些员工要讲情分，对该讲本分的讲情分，老板会受伤；对该讲情分的讲本分，员工会受伤。

所以，管控要规范，整个企业的管控流程要做设计，不是想怎么样就怎么样。也不能靠人，比如，负责采购的是小舅子，是不是值得信任？那也不能保证永远信任。所以，不管是谁，必须走管控流程，要让单独一个人没办法动企业的钱，因为每个人都有犯糊涂的时候。

总结一下，从财务角度说规范，企业有六大规范，即便做不到全部规范，或做不到对外规范，至少要先做好对内规范。特别是从财务的角度讲，要从对内开始做规范。当然企业还有别的方面要规范，比如生产规范，但是那和财务没有直接的联系。跟财务相关的税务规范、核算规范、报表规范、资金规范、流程规范、管控规范都非常重要。把这些能做的先做起来，

经过几年最终会实现全面规范。

事实上财务并不像很多老板想象的那么专业，因为专业是专业人的事。作为老板，应该如何对待企业的财务？企业如何走上正确的道路？并非所有企业都需要上市。即便不上市，企业该规范也得规范。有些企业想上市但不具备上市条件，比如餐饮企业不容易上市，但不代表餐饮这个行业就不能规范和上市。餐饮行业是非常好的行业，而且有大量投资人投资餐饮行业。长财咨询很多做餐饮的客户已经在准备上市。餐饮企业想上市怎么办？改变商业模式，变成品牌运营商，由一个餐饮企业变成餐饮管理企业，企业收管理费，卖产品、选地址、搞房地产，这样餐饮管理企业就能够满足企业上市要求。这就是商业模式的改变，餐饮管理企业收取管理费、加盟费、培训费并销售原材料、制成品等，其收入中没有客人就餐消费收入。还有一些案例，如红星美凯龙，很多人知道红星美凯龙是卖建材、家居的，但是红星美凯龙是商业地产企业，主要业务收入是地产租金收入，其收入中没有卖家居、建材的收入。

对于大部分企业来说，企业未来要走的路不一定只有上市，上市只是一个重要

的选择。即便企业不上市，未来也要走向规范化、阳光化，踏实、安全地赚钱，相信这是每一个老板的梦想。但是，走到这一步需要时间，规范需要过程。根据企业所处的行业情况和发展阶段，老板需要考虑各种可能，设计自己的企业规范运营之路。这条路可能要走两三年，也可能走五年甚至八年，情况不同，需要的时间长短不同。但是，这条路无论长短，都不可避免。说到企业，就不得不谈到个人，因为没有企业家就没有企业，企业家是个人，企业是法律上的民事主体，所以财务规范牵涉个人、家庭乃至家族的财富安全。老板存在账上说不清合法来源的钱，总有一天国家一定会过问，不能等到那个时候再去考虑。

第 2 章　**税务风险管控**

2.1 税收违法责任

税收违法责任不是《财务通》的重点，但是必须包括这块内容。为什么？老板们要知道什么事该干，什么事不该干，这家企业能干的事情和那家企业能干的事情不一样。老板们要看自己能够承担什么样的责任，现在中国的法律环境越来越好，企业家还是希望依法经营。依法合规，这是老板们的底线，要明确知道红线在哪里，这就是企业家做企业应该具备的底线思维。企业之间不能随便做横向比较，因为一家企业和另一家企业不一样，发展阶段不同，企业的承受能力也不同。

> **老板们要知道什么事该干，什么事不该干，这家企业能干的事情和那家企业能干的事情不一样**

中国的法律对税收法律责任规定很细，老板们也没有必要把每个细节搞清楚，只要大概了解它的逻辑就可以。老板们要知道的是，什么是红线，什么事不能做。

在税收方面出问题，企业以及老板要承担的责任可以概括为两类：第一，行政责任；第二，刑事责任。这两种责任，不一定只承担其中一种。一种情况，企业出了问题，有人要承担刑事责任，同时还得承担行政责任。简单地说，人抓了，钱还得交。另一种情况，企业或者个人承担行政责任，但不一定承担刑事责任。一般地说，一旦承担刑事责任，同时也要承担行政责任。

税收行政法律责任

对于行政责任，罚款是常见的处罚方式。罚款有两种计算方式。第一种是程序违法，罚款金额是固定金额。程序违法就

税收违法行为
- 税收行政法律责任
  - 行政处罚
  - 行政处分
- 税收刑事法律责任
  - 逃避缴纳税款罪
  - 故意销毁账簿罪
  - 普通货物走私罪
  - 虚开增值税专用发票罪
  - 出售或出售伪造增值税专用发票罪
  - 出口骗税罪

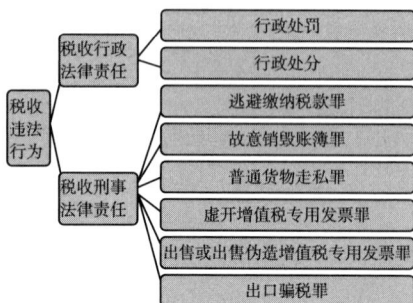

所谓行政责任，顾名思义，一般不涉及人身自由，损失的是钱，而不是人的安全。处罚行政责任的措施主要有三种：一是罚款；二是滞纳金；三是取消资质，包括吊销企业财务人员的职业资格

是企业该走的程序没走，比如一家企业今年开了一个银行账户，但税务局不知道。为了让税务局知道这件事，这家企业就得走程序，要去税务局备案，告诉税务局自己开了一个银行账户，以便税务局以后审查。如果这家企业没有去税务局备案，就是违反程序，这种行为就叫程序违法。对于企业而言，程序违法的罚款金额一般是2000元至1万元。比较轻的程序违法行为，罚款2000元，情节严重的程序违法行为罚款1万元。

第二种是实体违法，即企业少缴税。不管企业是做两套账还是少缴税，都是实体违法。实体违法行为，罚款金额不是固定的，罚款金额太少的话，大家会觉得无所谓，起不到法律的震慑作用。实体违法的罚款金额是企业少缴税款金额的50%到5倍。比如，一家企业少缴100万元的税款，那么针对这种违法行为，最低罚款金额为50万元，最高罚款金额为500

万元。有的老板可能会担心，税务局会不会都按照最高额度执行罚款？税务局不会滥用自由裁量权，但是一般也不会按照最低标准执行罚款。一般来说，罚款金额至少是企业少缴税款金额的1倍，也就是要补1倍的税，在上面的例子中，少缴100万元的税款则罚款100万元。罚款幅度在1～3倍的比较多，按最高比例罚款的也比较少。不管怎么说，罚款金额方面，执法者的自由裁量空间还是很大的，这给企业家的启示就是税务关系还是需要管理的。

还有很多老板关心税款的追缴时间，如果少缴税，过多长时间国家就不会追究了？如果一家企业是恶意偷税，比如买发票，这种违法行为的追究时间没有限制。曾经有这样一个案例，一家企业6年前买发票恶意逃税，犯罪人最后还是被逮捕归案了。

这个问题其实就是很多人说的民营企

业家的原罪，有一些学者认为政府要赦免民营企业家的原罪，甚至还有一种说法，以 2018 年 1 月 1 日为节点，以前的事过往不究，以后该怎么样就怎么样。显然，国家不可能明确这样的政策。如果是恶意逃税，会无限期追征；不是恶意逃税，如企业算税出错、白条入账、纳税调整不完全等，这种失误少缴税款的情况，国家追缴税款的期限是 3 年，一般情况下，税务局不会主动查 3 年以前企业的纳税情况。如果要注销一家企业，税务局会往前查这家企业 3 年的账。因此，老板如果要注销一家企业的话，一定要保证最近 3 年这家企业的账是合法合规的，这一点在企业注销的时候要特别注意。

只有一种情况，企业少缴税款不会受到罚款，那就是企业主动补税，而不是税务局查出来才去补的，但是在这种情况下仍要缴纳滞纳金。税务局没有查，企业主动去补税，会不会发生这样的情况？如果企业被举报，税务局会要求企业先自查，企业自查并自己主动补缴税款，企业拒不补缴税务局再去查。因此，企业想减少罚款，最好的方式是主动自查，补缴税款。主动补缴税款，一般没有罚款，但是滞纳金还是要缴，滞纳金以补缴税款金额为

基数，按天计算，计算比率为每天万分之五。

行政责任中的"取消资质"，就是税务局可以取消企业特定的业务资质。比如，出口企业骗取国家出口退税的，税务局可以取消企业的进出口业务资质。

税收刑事法律责任

中国的刑法为企业的税收违法行为定了很多罪名。企业犯法和个人犯法是两个概念，企业犯法要惩罚企业。但问题是企业是法律上的民事主体，法律只能对企业罚款，有些刑罚无法对企业执行。比如，判一家企业 5 年有期徒刑，对企业无法执行，不能把企业关进监狱。所以法律是这样规定的，企业如果触犯刑法，企业的责任人要替企业承担刑罚。这里列出几个常见的罪名，第一个罪名，逃避缴纳税款罪，俗称逃税罪；第二个罪名，故意销毁账簿罪，企业找代理企业记账，结果账簿找不到，老板可能会因故意销毁账簿而获罪；第三个罪名，普通货物走私罪，一般出现在广东、浙江等沿海地区；第四个罪名，虚开增值税专用发票罪；第五个罪名，出售或出售伪造增值税专用发票罪；第六个罪名，出口骗税罪。

上面六个罪名中，第四、第五、第六个罪名的刑罚非常重，最高刑期为无期。

第三个罪名，普通货物走私罪，主要表现为偷逃税款。偷逃税款在5万元以上的，就要被判处有期徒刑或者拘役，最高刑期为无期徒刑，还可能同时判处罚款、没收财产等。

第二个罪名，故意销毁账簿罪。企业的账簿是有法定保管期限的，法律规定，账簿最低要保管10年，有些资料要保管15年。有的企业害怕查账，把账簿烧了，报案说发生火灾，所以账簿没了，就算税务局想查也没有账；有些企业，财务部门经常搬家，财务资料装进箱子，搬到其他地方，然后报案说失窃。老板做这件事根本就没有动脑子，说假话不符合逻辑，有人偷电脑，难道还有人偷账簿？

第一个罪名，逃避缴纳税款罪，这也是很常见的罪名。中国的法律规定，偷税达到一定额度的犯罪行为，除了承担行政责任，还要承担刑事责任。判断是否要承担刑事责任，有下面几条标准。

第一，偷税金额超过应纳税额的10%，金额较大。如何理解这个"金额较大"？刑法最开始规定1万元，后来修改了这个标准，《中华人民共和国刑法修正案（七）》取消具体金额规定，交给法官自由裁量。在审判中，法官一般就把标准定为10万元，刑期是3年以下。

第二，偷税额度超过应纳税额的30%，金额巨大。这个"金额巨大"也是由法官自由裁量，一般是50万元，刑期3~7年。

按照上面的标准，刑罚影响面太大，因此，逃避缴纳税款罪在特定情况下可以从宽处理。

第一个条件，5年内未受到刑事处罚；第二个条件，5年内被行政处罚不超过两次；第三个条件，按税务机关的追缴通知补缴应纳税款并缴纳滞纳金，已被税务机关给予行政处罚，企业实在没钱，可以先缴纳一部分，但不能低于60%，其余缓缴。

第四、第五、第六这三个罪名跟增值税专用发票有关系，可以合并称为增值税专用发票类犯罪。增值税专用发票类犯罪最高刑期是无期，具体的规定如下。

第一，虚开增值税专用发票，税款金

虚开增值税专用发票罪、出售或出售伪造增值税专用发票罪、出口骗税罪，这三个罪属于增值税专用发票类犯罪，最高刑期是无期

额超过 1 万元就需要承担刑事责任，骗取国家税款 5000 元就可以起刑。量刑标准里的"金额较大"是多少？这属于法官的自由裁量权，涉案金额在 5 万 ~10 万元，一般会判处 3 年以下的缓刑。

第二，虚开增值税专用发票"金额较大"到"金额巨大"的量刑标准。这里说的金额都是税款金额，不是发票金额。6 万元的发票金额，按照 17% 的税率计算，税款金额大概就是 1 万元。这里所说的"金额巨大"是 30 万 ~ 50 万元，骗税适用 30 万元标准；虚开增值税专用发票适用 50 万元标准。也就是说，如果某企业买增值税专用发票金额超过 30 万元，就达到量刑标准，刑期是 3 ~ 10 年，基准刑期 3 年。

增值税发票类犯罪属于刑事犯罪，税务局会把这类案件移交给公安局。

为什么税务局解决不了这类问题？因为增值税专用发票类犯罪，往往都是关联案件，不是独立案件。对于税务局来说，关联案件很难处理。单独一家企业白条入账被查出来是独立案件；一家企业因其上游供应商或下游客户违法而被牵涉进来，就是关联案件。企业的上游供应商不一定与企业在同一个地区。这种情况下，案件处理就和企业所在地的税务局没有什么关系。

现在，增值税专用发票类犯罪涉案金额越来越大，2017 年的案件涉案金额达 17 亿 ~ 22 亿元！虚开增值税专用发票的案件有时候涉及上百人。

虚开增值税专用发票，量刑标准再提高一档是"金额巨大"到"特别巨大"，所谓"特别巨大"，就是涉案税款金额在 50 万元以上，刑期是有期徒刑 10 年至无期徒刑，基准是有期徒刑 10 年。企业老板为了少缴税买增值税专用发票，如果少缴 50 万元增值税，就要被判处有期徒刑 10 年。

增值税专用发票类犯罪是企业老板不能触碰的红线，国家对此类犯罪越来越关注。"金三"系统就是为此而生。

"金三"系统就是国家金税工程三期，功能强大，将一家企业各方面的信息进行了关联

"金三"系统就是国家金税工程三期，功能强大，将一家企业各方面的信息进行了关联。比如，一家贸易企业，进货多少，余货多少，卖出多少货，在"金

三"系统里都是有数据比对的;"金三"系统还将税务信息和社保信息关联,将一家企业缴了多少个人所得税与缴多少社保比对,如果企业缴纳了个人所得税,但社保没有缴纳,就会被发现。"金三"系统会越来越完善,作为企业老板,需要了解"金三"系统怎么运作。

企业老板了解"金三"系统之后,就会知道买卖增值税专用发票行不通。就算买发票的企业没有被发现,向它卖发票的上游也就是卖发票的票贩子也会被查出来。票贩子的行为经不住"金三"系统的分析。为什么会有票贩子?有些企业采购,进项有增值税专用发票,但是,销售的时候客户不需要发票,所以它的销项发票就多余。如果有这样两家企业,一家企业增值税进项税额多余,另一家企业增值税进项税额不够用,那么可以把这两家企业合并,一块使用增值税进项税额,这样就不是买卖发票。这涉及企业业务范围的调整,也是我们做税务规划时的一个基本思路。

2.2 防火墙建立

老板知道税收违法责任,还需要知道该怎么做。企业老板先要在观念上有所转变,一家企业,老板不想控制税务风险,企业的税务风险就不可控,所以,老板对整个企业的税务风险要做方向性的把控。作为老板,不需要知道技术细节,但需要知道哪些事不能干,比如,虚开增值税专用发票的事不能干。

公私分家

老板个人和企业是两个不同的法律主体,老板个人是"私",企业是"公",即使是私营企业、民营企业,企业也是"公"。老板要先做到公私分家,公是公,私是私,这是税务风险管控的基础。

如何做到"公私分家"?

首先,老板要把自己视为企业员工,然后才是股东

首先,老板要把自己视为企业员工,然后才是股东。一件事情,员工怎么做,老板就应该怎么做。比如,因公出差,吃饭的餐费,员工会作为差旅费报销,那么作为老板,不要认为反正企业就是自己的,餐费报销不报销无所谓。老板先思考一个问题,今天吃饭是代表企业吃的,还是代表个人吃的？代表个人吃的，回家找老婆报账；代表企业吃的，回去找财务报账。可能很多人说没有多少钱，无所谓。这里说的是老板处理事情的态度，与金额大小没有关系，这是老板做事的规则意识。通俗地说，老板要和企业计较！老板不要以为自己不计较，格局才大，这种事不计较表明老板做事是没有规矩的。老板要逐渐培养这样的意识，"我是企业的员工。企业是企业，我是我，企业的规则该怎么走，我就该怎么走"。这是为了保护老板，而不是为了约束老板。

其次，财务人员在做账务处理时，将老板视作员工

其次，财务人员在做账务处理时，将老板视作员工。当把老板看成员工的时候，大家做事的态度、方式就有可能不一样。既然是员工，就要遵循企业的规矩，不管你是谁，这是做事的规则。

长财咨询的咨询师看过很多企业的账目，老板的往来账户就是平衡企业报表的"口袋"，乱七八糟的东西全往里装。比如，老板给客户的佣金，财务作为借款挂到老板往来账户下。问财务人员为什么这样，财务人员肯定会说这是老板的企业，不挂老板名下挂谁名下。说的似乎挺有道理。但是财务人员这样做，无形中增加了老板的风险。老板总是当"口袋"，多了给老板，少了老板补上。过几年以后，财务说老板欠企业 386.42 万元。老板都懵了，自己什么时候欠企业这么多钱。老板欠企业这么多钱，都需要还给企业，不还的话税务局会认定为分红，要求缴纳个人所得税。

财务应该拿出一套方案，彻底处理佣金的问题。不能用一个矛盾去掩盖另一个矛盾。财务把老板拿走的作为佣金的钱挂在老板的个人往来账户下，就是用新的矛盾掩盖原有的矛盾，而且新的矛盾比原有的矛盾更难处理。作为企业财务人员，需要把问题在当年就解决。

更有甚者，老板问财务："我怎么欠企业这么多钱？"财务说："我也说不清楚，我来之前就有。"意思是财务对这个事没办法承担责任。既然财务也说不清，那么金额多少就实质上没有区别，反正都是说不清，多也往这个"口袋"装，少也往这个"口袋"装，财务人员自己把钱拿走也可以往这个"口袋"装。财务人员也

很难证明自己的清白。如果老板根本不相信财务人员，财务人员会觉得冤枉得很，也许索性就监守自盗，反正不管有没有拿，别人都认为拿了。

上面这种情况是老板欠企业的钱，还有一种情况是企业欠老板的钱。老板欠企业的钱不行，企业欠老板的钱就没有问题吗？企业欠老板的钱，有两种情况，一种是真欠，另一种是企业做两套账。企业欠老板的钱，经常欠、不停欠，基本可以肯定这家企业有两套账，账外资金回流到账内，又把老板当作"口袋"。

财务报表中的"其他应收款""其他应付款""应付账款"都是税务局关注的重点

所以，财务报表中的"其他应收款""其他应付款""应付账款"都是税务局关注的重点。"其他应收款"多，意味着老板欠企业的资金很多，基本可以肯定这家企业经常支付销售回扣；"其他应付款"多，意味着企业欠老板的资金很多，那就是企业的收入都收到老板个人银行卡里了，企业没钱周转，老板又把钱转到企业；税务局查"应付账款"，一般是怀疑

企业买发票。

所以，公私分家，是建立税务风险防火墙的首要工作。在做公私分家工作的时候，要做一次清产核资。因为账面上的数字可能没有反映企业的真实情况。清产核资就是对企业的所有资产负债做一次彻底的盘点，哪些是企业的，哪些是股东个人的，完成确权。企业和老板之间的关系，就是公私之间的关系，企业和老板之间也不需要借款和还款。

公私分家之前，要做一次清产核资。清产核资就是对企业的所有资产负债做一次彻底的盘点，哪些是企业的，哪些是股东个人的，完成确权

确权过程中，如果股东个人的资产确实存放在企业，比如老板买了一套很好的茶具，放在企业招待客人，怎么处理？列个清单，老板和企业签一个协议，写清楚某某的某件资产存放在企业，防止有一天股东资产和企业资产分不清。

公私分家的时候要清账，老板欠企业多少钱，企业欠老板多少钱，不要直接抵销，老板先把欠企业的钱还给企业，企业再把欠老板的钱退给老板，往来账户的调整要配合资金的流动。

除了要把股东个人资产和企业资产分清楚，还得把不同企业之间的资产分清楚。有些老板开了很多家企业，比如成立A企业、B企业，A企业有业务，B企业也有业务，资产在两家企业混用，到底是A企业的还是B企业的都不清楚。这种情况下，算成本就不可能算清楚。账都弄不明白，分析决策就无法明晰。所以如果不同企业共用某项资产，就应该由拥有资产的企业向使用资产的企业收取使用费。

纳税评估

老板对税务风险的管控是方向性把控，老板一个人不可能把企业的税务风险完全控制住。老板把控方向，细节性的工作交给专业人士。企业财务总监要为企业建一套税务风险防范系统。做纳税评估，就是评价企业的报表指标，"金三"系统怎么评估，企业自己就怎么评估。"金三"系统在对所有企业评估之后，把企业分为两类，一类是有问题的企业，另一类是没问题的企业。虽然查哪些企业是通过抽签的方式确定的，但是，抽签的样本库是有问题的企业。

整体税负率，就是企业纳税总额占销售总额的比例。纳税是企业运营的一项重

> **企业上缴税费汇总表，是一个简单的税务风险管理工具。很多老板并不知道自己的企业上一年度缴了多少税，也不知道企业的整体税负率是多少，其实这是老板应该关注的重要事情。**

要成本支出，企业的管理者应该知道成本占收入的比例是多少。这个指标的含义就是企业有1元的收入，要缴多少钱的税。整体税负率是8%，含义就是企业有100元的收入，一共缴8元的税。企业上缴税费汇总表这个工具很简单，每家企业都必须导入，不存在能不能用、会不会用的问题，只存在用或者不用的问题。这张表每一年都要做，不停往以后年度延续，直到企业注销的那一天。以前的数据都要保留，不能随便删掉。有的税种按月缴纳，有的税种按季度缴纳，还有的税种半年缴纳，等等。表的横向显示一个税种每年缴纳多少，纵向显示这个月各个税种缴多少，最后算出税负率。增值税的税负率要按月看，而有的税种税负率按月看没有意义，要按年看。

每个月，财务人员把这个表做完后，老板应该花时间看一下，要对企业纳税

【制度工具】

企业上缴税费汇总表

税种	2014 年度	2015 年度	2016 年度	2017 年度	2018 年度												
					1 月	2 月	3 月	4 月	5 月	6 月	7 月	8 月	9 月	10 月	11 月	12 月	全年
增值税																	
营业税																	
个人所得税																	
企业所得税																	
印花税																	
城建税																	
房产税																	
教育费附加																	
地方教育费附加																	
合计																	
收入																	
整体税负率																	
增值税税负率																	

的整体情况有概念。比如，去年税负率是 8%，今年变成 8.1%，可以判断企业纳税的情况没有太大问题；如果去年税负率 8%，今年突然增长到 20%，肯定有问题。税负率忽高忽低都是不正常的。

怎么做到增值税税负率平稳是专业人员的事情，他们必须做税负率的管控。现在增值税专用发票可以在 360 天内做进项税额认证，最好不要某个月进货多了，就把进项税额全抵了，抵了之后就不用缴纳增值税，这个操作从专业技术角度看没问题，但从风险管控角度看有问题。"金三"系统在做数据比对时，不知道企业这个月进的货多了，所以会判断税负率有问题，就可能会进行税务检查。所以要做税负率的管控。老板不懂税怎么算，但是税负率忽高忽低的变化很容易看出来。

再举个例子，有的企业听说税务局要求企业税负率不能低于 3%，结果就把事情做到极致，每个月的税负率都做到 3%，这样税负率的趋势成为一条直线。税负率忽高忽低变化不正常，但是税负率不变化更不正常。

所以作为企业老板，不需要知道太专

业的知识，但一年缴多少税需要了解。当这些信息在老板的脑子里形成概念的时候，他就已经对企业纳税整体情况有了把控，甚至有时候看一个数字，都能做出判断。就像收入一样，每天了解企业收入情况，自然会对收入数据有感觉。老板不必天天看纳税金额，但脑海中要有每个月缴多少税、每年缴多少税的概念。

导入票流、业务流、资金流要符合流程

有些企业可能没有买增值税专用发票，但是不等于没有虚开增值税专用发票。虚开增值税专用发票包括：接受别人虚开的增值税专用发票；自己给自己虚开增值税专用发票。比如，A 企业，产品销售走代理渠道，有一个代理商是个人，叫张三，张三从 A 企业买货并付款。A 企业就欠张三发票，张三不一定当时就要发票，可能等需要的时候再开。张三又把货卖给 B 企业、C 企业。当 B 企业向张三

没有买卖增值税专用发票不等于没有虚开增值税专用发票。只有票流，没有对应的业务流和资金流的，都涉嫌虚开增值税专用发票

要发票的时候，张三要求 A 企业把发票直接开给 B 企业。在这种情况下，A 企业并没有买卖发票，但是，A 企业直接向 B 企业开发票这种行为也涉嫌虚开，照样触犯刑法。

总结一下，只有票流，没有业务流、资金流，涉嫌虚开增值税专用发票。什么叫作涉嫌虚开？涉嫌虚开不一定是真的虚开，有可能是虚开，也有可能不是。票流、业务流、资金流以及合同流，四者要一致，不一致就涉嫌虚开。企业在控制虚开增值税专用发票风险的时候，要遵循谨慎原则，做到一致，风险相对就会降低。

有时候资金流与票流不一致，比如，甲企业把货卖给 A 企业，正常情况下，应该 A 企业给甲企业钱，但有可能是 B 企业给甲企业钱，那是因为 B 企业欠 A 企业的钱，A 企业让 B 企业向甲企业付款，抵了 A 企业要付给甲企业的钱。这种情况下，资金流和票流不一致，其原因是债务的抵销，债务的抵销要有证据，要求甲企业、A 企业、B 企业三方签署抵债协议。如果没有抵债协议，至少 A 企业要出具一个委托收款书，委托甲企业向 B 企业收钱，因为应

该由 A 企业给甲企业的钱由 B 企业支付了。

还有一种情况，可能真的是虚开。本来应该 A 企业给甲企业开发票，结果由 B 企业给甲企业开发票，那就有可能是虚开。这不一定是企业行为，也有可能是企业员工的个人行为。比如，甲企业从 A 企业买了一批货，正常情况下，是 A 企业开发票给甲企业。但 A 企业没发票，它让 B 企业给甲企业开了发票。这种情况下，甲企业没有让 A 企业去买发票。甲企业买了货，也付了钱，就应该拿到发票。但是，关键是甲企业收的发票不对，甲企业应该收 A 企业开的发票，却收到 B 企业开的发票，如甲企业还用这张发票抵扣了，那么 B 企业就成为票贩子。即便证明，是 A 企业即甲企业的供应商买发票给甲企业的，甲企业也负有一定的管理责任，其进项税、所得税都不能够抵扣，全部要转出来。这就是甲企业管理不善需要承担的损失。有时候，这根本就不是 A 企业的行为，而是甲企业的采购员操作的。于是甲企业买了 A 企业的货，给了 A 企业钱，A 企业应该给甲企业开发票，但 A 企业开不了票，于是甲企业逼迫采购

员找 A 企业要发票，最后逼得采购员没办法，就从 B 企业买了一张发票，给甲企业堵上这笔账。这时候就跟甲企业有关系了，至少是甲企业的员工操作的。但问题在于，甲企业的员工能承担这个责任吗？他会说这是老板让他干的。采购员是经办人，老板是决策人；老板就变成第一责任人，采购员变成第二责任人；老板是主犯，采购员是从犯。所以这个风险是由企业来承担的，而且第一责任人是老板，第二责任人可能就是财务部门。所以票流、资金流、业务流不一致就是问题，企业需要进一步分析。

为了控制这样的风险，税务风险防火墙要导入票流、业务流、资金流的复核流程。换句话说，企业在给别人开发票的时候，不能随便开。有这样的情况，客户不要发票，让企业把发票开给其他企业。这相当于客户直接把这张发票卖了，等于虚开发票、卖发票。正确的操作标准其实很简单：谁给钱，发票开给谁；企业付钱给谁，谁给企业开发票。

【制度工具】

增值税专用发票特别核查管理制度

第一条　为了避免涉嫌虚开增值税专

用发票的可能，特制定本管理制度。

第二条 采购发票的出具单位或销售开票单位必须与采购合同或销售合同核对一致，如不一致，应进行相应的合同变更。

第三条 采购款项应由企业账户划转至发票出具单位账户，销售款项应由开票单位账户划转至企业账户，做到发票流和资金流一致。否则财务部门有权拒绝支付款项和开具发票。

第四条 当货物流与发票流、资金流不一致时，需要有证据证明其合理性，例如委托书。

第五条 采购业务获得增值税专用发票，原则上不进行现金支付。小金额在特殊情况下支付现金需要获得该企业开具的加盖印章收款收据。

第六条 开具增值税专用发票的销售业务原则上不收取现金，特殊情况下取得现金，需要向合同方和受票单位开具收款收据，并由交款人亲笔签名确认。

企业在对外开具增值税专用发票的时候需要很多信息，包括地址、电话、税号等，所有信息需要业务部门走正规程序通知开票员。如果没有走程序，开发票就是

【制度工具】

开具发票申请单

一、申请人		申请日期		
二、合同全称		合同编号		
三、收款时间				
四、收入性质	技术推广（　）	咨询（　）	广告（　）	电子产品（　）　其他（　）
五、发票类型	普通发票（　）		专用发票（　）	
六、开票信息				
1. 企业名称		2. 注册地址		
3. 开户行		4. 账号		
5. 税号		6. 联系人 / 电话		
7. 开票金额		8. 开票摘要		
会计审核		部门负责人		
财务部经理		财务总监		
汇款银行信息				
单位名称		地址		
开户行		银行账号		
联系人		联系电话		

开票员的个人行为。

有些企业开票量非常大，有专门的开票室，开票员自己卖发票。但这不是企业行为，而是个人行为。比如，加油站、超市，消费者大部分是不开票的，但是这样的加油站、超市，不管是否开发票，都是要缴税的。加油机就是税控机，只要走了加油机的金额就必须作为收入。消费者可以不要发票，但加油站的税得缴。超市也一样，收银系统就是税控机。所以这样的单位，发票有富余，开票员就卖发票。因此，对外开发票的时候，最好导入开具发票申请单。既然开票，谁申请开票、开给谁、都开什么项目、开户行、税号这些都要填写，之后申请人签字、复核人签字、财务签字，审核之后，开票员拿到授权才能对外开票。开票员不径授权开票就是私自开票，就不是企业行为。

规避常见的十大税务风险

风险之一：存货账实不符

第一，存货账实不符。不管什么原因，如做两套账、买发票、多转成本等，存货账实对不上都是一个大事。在税务局查一家企业时，如果稽查人员查看账本、会计凭证，老板不用过于担心，为什么？因为没什么大事。稽查人员今天来的主要目的可能就是完成任务。给企业找点毛病、补点税，找毛病还不容易吗？翻翻发票，就翻出来一堆毛病。但如果稽查人员直接去车间、库房盘点企业的库存，这就比较麻烦，有可能是有了一些线索。稽查人员盘点库存，也不一定把企业的库存进行完整的盘点，可能就抽查一种货物盘点。盘点之后，账面数和实盘数根本就对不上，这就是存货账实不相符。

账面库存＞实际库存

一家企业买了发票之后，账面上的库存进来了，但实际没有库存进来，实际库存肯定是和账面对不上的，形成亏库。这个亏库早晚都得还上。亏库消耗不完，账面上有存货几千万元，实际根本没有。为了抵进项税额，存货金额很大，结转成本就较多，"金三"系统会比对出异常。最终账面就会积存很多的存货，但是没有实物。当企业注销的时候，税务局会认为企业要卖掉这些存货，也就是说账面上的存货最后还得缴一次税。

所以，要把账面上虚的库存消除，必须缴一次销项税额，相当于卖掉库存。回到最初，为了多抵扣进项税额，买发票形成库存，为了消化库存，再缴一次销项税，结果和没买发票一样。所以，买发票不能解决问题，后面还得缴，除非慢慢消耗了账面上的存货，这个存货虚着进来了，又虚着转走了，可能少缴税。但是，很多时候虚的库存是消耗不完的，金额太大，如果虚转过多，企业毛利就没法看了，这样就形成虚库存。账上有货，实际没货，以前抵的税早晚都要上缴。

账面库存＜实际库存

还有一些企业存货对不上，是实际比账面多。原因是多转成本。今年利润多，但不想缴那么多所得税，财务最简单的办法就是把成本多转点，利润就少了。

要记住，实际存货 3000 万元，账上存货 3000 万元，财务为了降低利润，多转 1000 万元的成本，账面存货变成 2000 万元，实际存货还是 3000 万元，库存是对不上的。今年多转 1000 万元，明年又多转 1000 万元，账上就只有 1000 万元存货了，实际存货还是 3000

万元。后年还多转，最后发现一个生产企业账面没存货了，但实际上仓库、车间里还有一堆存货。这种情况逃不过"金三"系统的比对分析，比如，一个生产汽车配件的企业，账面的存货就十几二十万元，收入有好几千万元，可能吗？不可能，不符合常理，存货周转太快了，一年要转 365 次，早上进原材料，中午变成产品，下午卖掉。现实是不可能这样快的，生产周期最快也要一周。税务局的人一看报表数字，就知道这家企业做了手脚。

"口袋"科目：现金

曾经有一个老板问刘国东老师"老师，我们企业有问题，我们做汽车配件的，收入一年 6000 万元，现在存货是 8 万元，下个月开 500 万元的票，没成本转了"。老板着急的是下个月要对外开 500 万元的票，因为存货只有 8 万元了，所以要缴所得税。但这个老板没有想到，库存 8 万元的风险有多大，何况实际库里好几千万元呢。前面多转了成本、少缴了税，现在该还了。所以，为了降低利润，多转点成本这个招数，很多财务做两年就做不下去了。

千万不要以缴税多少作为评判财务人员水平高低的标准。那得看怎么缴税少，用多转成本来少缴税，问题没解决，只是用更大的矛盾掩盖了原来的矛盾，矛盾一直积累下去，最终无法收场。

存货对不上一般有三种原因：做两套账，多转成本，买发票。这三件事，哪件事都是老板扛不住的，其导致的结果都很严重。曾经有一家企业多转成本，税务局查出多转了 1 亿元成本，应当补税 2500 万元，罚款 2500 万元，还得缴滞纳金。

风险之二：货币资金账实不符

第二，货币资金账实不符。存货对不上还有很多原因，账面的现金对不上那就是企业记账不规范了。货币资金账实不符，就是现金对不上，那么银行余额也对不上。为什么呢？

比如，企业有些没办法入账的支出。财务人员不把老板的个人往来当"口袋"，把"现金"这个会计科目当"口袋"，最后导致企业账面上显示现金有好几百万元。实际上没有，数字都是虚的。为什么出现虚的数字呢？钱都被老板拿走了，而财务人员没做账。账面的现金有几百万

元，那是什么概念？ 100 万元现金差不多能装满一个拉杆箱，300 万元现金，企业的保险柜根本放不下。

风险之三：大额应付账款长期挂账

第三，大额应付账款长期挂账。企业欠供应商的钱，也就是应付账款永远不还，一直在账面挂着。这个事情很严重，应付账款为什么不还，是想还但是没钱还么？不是。企业对一家供应商的应付账款，两三年没有变动一定有问题。更严重的是，和这个供应商的业务是突然发生的，金额很大，就这一次业务，然后欠款一直挂账，这是有大问题的表现。

曾经有一个老板，请长财咨询的咨询师看财务报表，想请他评估一下。咨询师看了，直接对老板说："这张报表可以直接抓人了，判个无期，我认为没有问题。"当时那个老板的脸都绿了。为什么呢？咨询师基于报表的数据就可以判断这家企业购买了巨额的发票，金额大到什么程度？这家企业至少买了几千万元的发票。这个老板就很好奇，问咨询师怎么看出来的。其实，报表中左边资产总额 8000 多万元，绝大部分都是存货，而这家企业的注册资

本200万元。典型的"小马拉大车"。这么少的注册资本支撑不了这么大的业务规模。那么，这是多年积累的资产么？再看净资产才100万元。这表明企业这么多年没有赚钱，是亏损的。那么，8000万元的存货哪来的？一看应付账款8000多万元。这就很明显了，存货是假的，应付账款也是假的，是买发票形成的。因为这家企业只有100万元的净资产，不可能有供应商允许它欠8000万元的货款。

风险之四：发票流、业务流、资金流不一致

第四，发票流、业务流、资金流不一致，这也是十大税务风险之一，前面已经有所论述，这里不再多说了。

风险之五：大额异常发票

第五，大额异常发票。企业以前从来没有和某供应商的资金往来，突然与其产生一张大额的发票，作为企业的成本列支。这就是大额异常发票，是非常重要的税务风险。

风险之六：按开票时间确认收入

第六，按开票时间确认收入。很多老板认为什么时候开发票，什么时候缴税，不开发票就不缴税，这种观念完全错误！什么时候缴税和什么时候开发票没有关系。一家企业不开发票也得缴税，该缴税的时候缴税，该开发票的时候开发票，该缴税的时候没开发票，也得缴税。

所以，如果一家企业什么时候开发票就什么时候缴税，风险很大，这是税务局的必查的情况。而且，这样不但税有问题，账也不准，至少库存肯定对不上。

风险之七：秘密账户

第七，秘密账户。有些企业有秘密账户，什么叫作秘密账户？比如，一家广州的企业跑到安徽的某个乡镇银行开一个账户。这个银行账户是以企业的名义开的，但是企业账面上不体现这个账户的钱，专门用于收取不做账的那些收入。这个账户叫秘密账户。

这是非常简单粗暴的方式，只要税务局检查，肯定能查出来。税务局只需要查企业资金就可以了，可以把企业的所有银

行账户查一遍。税务局检查一家企业的银行账户，不需要经过这家企业的认可，检查人员可以根据检查单去银行查企业的所有银行账户，银行必须配合税务局的检查。中国人民银行的信息系统可以把一家企业所有银行账户都列出来，税务检查人员一对比中国人民银行系统的账户清单和账面的账户清单，立刻就能发现账面上的银行账户有缺失。

不光是以企业名义开立的秘密账户，以企业老板名义开立的个人银行卡也被纳入监控。税务局可以查这家企业主要负责人的个人银行卡，包括出纳的个人银行卡，出纳虽然不是主要负责人，但是属于关键岗位人员。查资金账户是最简单的查清两套账的方式。

还有一些企业老板，对做两套账的事情不加隐瞒，名片上都写着个人银行卡号码，不开发票的客户把货款直接打到个人银行卡里就可以了。税务局根本就不用查账、查仓库，就查个人银行账户就可以了。

长财咨询曾经处理过一个危机咨询项目。一家企业从成立以来就用一张个人银行卡账户收货款，从来没变过。这家企业被人举报，税务局就检查了这张银行

卡对应的账户，发现多年的累计金额非常大。税务局会认定，只要是进这张银行卡的钱全是企业的收入。先补 17% 的增值税，再补 25% 的企业所得税，加在一起42%，还要缴纳一倍的罚款，一共 84%，加上滞纳金，达到 90%。这张卡进过 10亿元资金，那就需要拿 9 亿元缴税款、罚款、滞纳金。可能有人会说，这么算不对，收入是不假，但是成本也还没入账呢，实际上这个老板也没赚这么多钱。但是，收入不开发票，根据税法都要纳税，而买材料的成本没有取得发票，税法不承认，就不能抵税。所以，这 10 亿元流水都视作利润。

风险之八：财政资金不缴税

第八，财政资金不缴税。有些企业收到政府补贴资金量较大，尤其是科技型企业，政府有很多补贴，企业收到这种补贴应当缴税。还有土地返还款，企业买一块地，跟政府签的价格是一亩 10 万元，走招拍挂程序，挂的价格是一亩 50 万元，政府把40 万元返给企业，如果有 100 亩地，就有4 亿元返回给企业，那么这 4 亿元也是企业收入，是要缴税的。很多企业认为政府

补贴不用缴税，土地返还款不用缴税，其实都是错误的。

风险之九：内部大额资金往来

第九，内部大额资金往来。有些企业内部资金往来过多且混乱，税务局就会怀疑有问题。比如，一个老板设立好几家企业，资金就在这几家企业之间，企业与老板、老板娘、小舅子个人之间，甚至企业与供应商、客户、债权人之间随意调动。因为老板认为企业都是自己的，钱怎么调都可以。这样的老板要想清楚"亲兄弟，明算账"的道理。各家企业之间要分清楚，个人和企业之间要分清楚，不能胡来。资金往来混乱到一定程度，不管实际上有没有问题，都会让税务局认为有问题。

风险之十：不符合逻辑和常规的异常情况

第十，不符合逻辑和常规的异常情况。有些企业经常发生不符合逻辑的情况，做不符合常理的事情，这些都是异常情况。比如，一家企业明明是生产企业，竟然没有交过电费。没发生电费的生产企业正常吗？不正常。老板会说厂房是租的，电表是业主的，所以电费发票就开给业主了。租的厂房，没有拿到电费发票，所以电费老板自己从个人账户付给业主了。但是，老板自己付，哪来的钱啊？凭什么自己付？这就等于告诉税务局这家企业有账外资金。所以，一家企业没有电费，不符合常规。即便没有电费发票，该有的电费也得有。

有些做建材生产销售的企业，如卖铝合金门窗的。这类企业一定有废品、废料，废品、废料可以卖钱。怎么卖？第一，不要发票；第二，给现金；第三，不记入库存，因为已经进入产成品了。所以，卖废品的钱就进小金库了，是不是觉得天衣无缝？老板会觉得这么处理没问题。岂不知这正是税务局重点关注的，这个行业应该有废品、废料的收入，那为什么账上没有呢？这代表企业有两套账。该有的必须有，该有的优点得有，该有的缺点也得有。

【制度工具】

税务风险调查表

序号	调查项目（第一类）	结果
1	您是否对公司的主要税种的税负率认真测算过？	
2	公司在招聘会计人员时，是否测试其办税能力？	
3	您对所从事行业的相关税收优惠政策是否了解？	
4	公司是否对采购人员索要发票事项进行过培训？	
5	对外签订相关经济合同是否考虑过对纳税的影响？	
6	租赁、融资、购房或投资是否考虑纳税的事项？	
7	新业务发生时是否系统地咨询过相关财税专家？	
8	新颁布的税收政策法规是否在30日内学习掌握？	
9	税务局的评估、约谈或稽查您是否了解其意图？	
10	是否聘请过财税专家定期进行财税风险的诊断？	

序号	调查项目（第二类）	结果
1	您公司是否存在抽逃资本的情况？	
2	您公司是否存在货币资金账实不符的现象？发生额及余额？	
3	您公司是否存在存货账实严重不符的现象？	
4	您公司是否存在大量非经营性往来，如其他应收款、其他应付款？	
5	您公司是否按开票时间计税、确认收入？	
6	购销业务中是否存在经常性或较大金额的"票流""物流""资金流"不一致	
7	您公司是否存在大金额的现金支付费用？	
8	您公司是否存在较大金额的应付账款长期挂账问题？	
9	您公司"资本公积"科目是否经常变动？	
10	您公司销售是否存在较大金额或比例的现金收款？	

调查结果分析如下。

第一类调查项目回答出现3个否定的，公司可能存在安全隐患；6个以上否定的，则公司可能存在较大税务风险。

第二类调查项目回答出现3个以上肯定的，公司存在较大税务风险；6个以上肯定的，则公司存在很大税务风险。

第 3 章　**投融资管控**

投融资管控主要包括实业投资、财务投资。这里的实业投资，指企业老板应该知道的部分内容，而不是完整的实业投资领域的知识。

老板要两条腿走路，既要做实业投资又要做财务投资。老板做实业投资积攒了一些钱，要考虑这些钱如何保值、增值，就要去做一些投资，让钱去生钱，这就是两条腿走路。企业家不仅要把自己的企业做好，还要把自己企业赚的钱管好。老板们不要简单地把那笔钱看作自己的，那是一笔财富，这笔财富属于老板的家族也好，属于社会也好，老板都有责任把这笔财富传承下去。

老板们经营企业，不只是为了赚点钱，买一幢好房子，开一部好车。如果只是为了这样的目标，就不需要那么多钱了。把积累的财富用在正确的地方，叫作厚德载物；用在不正确的地方，则是德行不够，有钱就变成祸害。例如，有些城乡接合部的市民，拆迁分得很多钱，有好几千万元，还得到好几套房子。这不一定是好事。有些人有钱后赌博、吸毒……用不了几年，这些人还是穷人，比原来还穷，拆迁补偿款成了祸害。

所以，一笔财富，老板们要让它有价值、能传承，就要去做投资，做财务投资。老板们要学会两条腿走路，现在做企业是实业投资，这是其中的一条腿，另一条腿就是财务投资，大部分老板还没有做好或者根本还没有做。现在没有钱去做财务投资，也没关系。今天没有钱，也许明天就会有，但是等有了可以投资的钱，再去想怎么做财务投资已经晚了。所以做不做财务投资跟是否有钱没有关系，100万元可以投，10万元也可投，这是一个理念，并不看绝对金额的大小。

投融资管控包括企业内部的投资以及

对投资的评价，一家企业做得是好是坏，需要做投资评价。投融资管控也包括对企业的估值，就是一家企业到底值多少钱，需要知道大概的企业估值方法。投融资管控还包括融资，这里的融资不只包括银行贷款，主要指企业上市的相关问题，如上市的步骤、标准等。

对于大部分企业老板来说，最重要的投资就是对自己企业的投资。当然，企业家除了对企业投资外，还需要对家庭资产做配置，比如投资股票、贵金属、古董字画、保险等，也就是我们经常说的不要把鸡蛋放在一个篮子里。

3.1 实业投资

实业投资的一个重要内容是企业设计和企业股权设计，涉及企业顶层设计的内容，包括设计企业的战略、企业的模式等。

什么叫企业设计？企业家做企业，做着做着可能会做成很多家企业。那么这些企业都是什么关系呢？是不是有这样的情况，一个老板有三家企业，第一家企业，老板和老板娘是股东；第二家企业，老板娘和老板儿子当股东；第三家企业，老板

和老板儿子当股东。为什么会出现这种情况？当时设企业的时候没想啊，怎么方便怎么来。做企业没有设计，结果会怎么样？挂牌新三板、上市、缴税等，事情好多。没有设计好，后面的成本就很高。所以，企业的股权要做设计，必须先了解中国对企业的法律规定。

企业法律形态

企业有两种法律形态，一种叫有限责任企业，另一种叫无限责任企业。有限责任企业的股东承担有限责任；无限责任企业的股东要承担连带责任。

不过，并非有限责任就一定比无限责任好，从风险控制的角度，有限责任比无限责任好，因为股东承担有限的责任。但是从别的角度，比如从税的角度来看，可能无限责任比有限责任好，因为无限责任缴一道税，有限责任要多缴一道税。也就是说无限责任是可以穿透的，有限责任无法穿透。有限责任企业要缴企业所得税，缴完企业所得税之后的个人收入还要缴个人所得税，无限责任企业不缴企业所得税，直接缴个人所得税，缴完之后剩余就是股东的。所以从税的角度来说，无限责任会少缴税，而且可能少缴的不止一道，因为

有限责任企业
├─ 多人有限企业 ── 一人有限企业
│   ├─ 有限责任企业 ── 股份有限企业
│   │   ├─ 上市企业 ── 非上市企业

无限责任企业
├─ 合伙企业 ── 个人独资企业 ── 个体工商户（非企业）
│   ├─ 有限合伙企业 ── 无限合伙企业

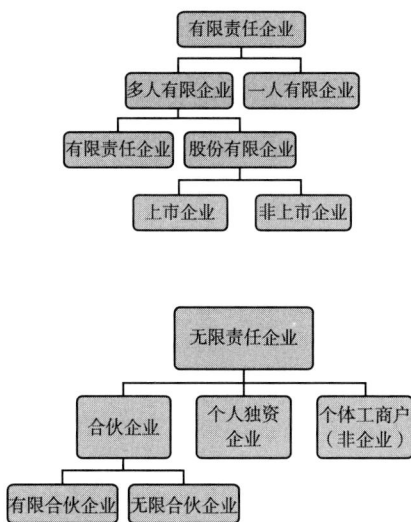

有很多无限责任企业的税是核定征收的。

有限责任企业包括一人有限和多人有限两种形式。一人有限就是说一家有限责任企业，股东只有一个。如果股东是自然人的话，就是一人有限企业，这是有很多限制的，每个自然人只能成立一家一人有限企业。所以并不建议设立一人有限企业，不管这个股东是自然人还是法人。原因是对一人有限企业，国家控制得比较严，尤其是对自然人股东要求非常高。一个自然人只能设立一家一人有限企业，而且这个一人有限企业不能再设立一人有限企业；多人有限企业，股东数量在 2 人以上、50 人以下。这并不表示企业的股东需要设置四五十个。企业有很多股东的时候，如果小股东对企业不满意，可以对一

些需要全体股东签字的事件进行拖延。所以有的时候，一家企业最好不要有那么多股东。

那么，如果已经有了很多股东怎么办？需要做一个持股平台，把管理层股东做成一个持股平台，也就是一个合伙企业，合伙协议规定实际控制人当普通合伙人（General Partner，GP），管理层当有限合伙人（Limited Partner，LP）。这个时候企业做决策是比较方便的，特别是在创业初期的时候。

还有一种企业的法律形态，叫股份有限企业，上市企业都是股份有限企业，股份有限企业不一定是上市企业。对于上市企业，法律要求必须是股份有限企业，对于股份有限企业，法律只要求发起人在 200 人以下，但企业上市之后，股东可能就成千上万了。谁买企业的股票，谁就是企业的股东。

常见的无限责任企业的形态是合伙企业。合伙企业的合伙人是承担无限责任的，但为了鼓励某些行业的合伙企业的发展，法律在合伙企业中又规定了一种特殊的合伙企业，叫有限合伙企业。有限合伙企业有 50 个以下的合伙人，这些合伙人中，有一两个合伙人承担无限责任，其他

企业法律形态

法律形态	实体类型	股东\投资者	风险承担	企业所得税	分红股东个人所得税
有限责任企业	一人有限企业	1人	以出资额为限	√	√
	多人有限企业	2～50人	以出资额为限	√	√
	股份有限企业	发起人200人以下	以出资额为限	√	√
	国有独资企业	国家出资	以出资额为限	√	√
无限责任企业	合伙企业	2人以上	无限连带责任		√
	个人独资企业	个人	无限连带责任		√
	个体工商户	个人或家庭	无限连带责任		√

合伙人承担有限责任。

无限责任的企业形态，还有个人独资企业。个人独资企业只有一个出资人，但是，个人独资企业和一个人当股东的一人有限企业是不一样的。个人独资企业，出资人承担无限责任，只缴纳个人所得税，不缴纳企业所得税；一人有限企业，股东承担有限责任，企业要缴纳企业所得税，股东分红要缴纳个人所得税。

除了合伙企业、个人独资企业，个体工商户也是一种无限责任企业的法律形态。

股权架构设计

了解了中国对企业法律形态的规定，就可以进一步来看股权架构设计了。

门店销售类型行业的股权设计

门店销售类型行业的股权设计。餐饮、珠宝销售等行业，在目前的环境下很难做到特别规范。比如，餐饮要买菜，买菜要开发票是很难的。当然，如果不计成本地要求有发票也能做到，但是肯定就没有了市场竞争力。珠宝行业也是，买黄金还好，都有发票，但是买矿石一般就没有发票了。所以，这类企业不建议做成企业制的形态。而且，开门店没什么收款风险，一手钱、一手货，很少有过多的债权债务。这种行业，特别是在创业初期，可以成立一家企业，比如某某餐饮管理企业，在这家企业下面开店，但是，这些店不要做成分支机构，而要选择设立个体店。这些个体店和这家企业没有股权关系，但是它们之间有管理关系。这里的管理关系是内部统一管理，这家企业不能对外代表这些个体店，但是对内要统一管理，相当于总部，负责管理这些门店的技术标准、人员培训、采购等。在对外关系上，每个个体店都是独立的，每个个体店以自己的名义缴税。大部分餐饮门店都是核定缴税，税务局都不要求看账目。当然门店自己得有账，这样才能知道经营的好坏。

当然，有人可能有疑问，这个餐饮管理企业总是没有收入，这种模式能上市么？

如果准备上市，这个餐饮管理企业可以设分支机构，然后把个体店的业务转移进分支机构就可以了。而且，可以向门店收取管理费获得收入，至少在没有准备上市的时候，收取的管理费可以平衡企业本身发生的成本费用。但是，需要注意的是，这家企业要做规范，才有上市的可能。将来业务做大，餐饮管理企业就可能成为上市主体，它的收入来自管理费、加盟费。另外，还要设立几个业务企业，如做中央厨房业务的企业、做供应链业务的企业。这些企业给个体店做配套业务，赚批量采购的钱。

另外，可以设立一个业务企业，专门负责开店，这家企业可以叫培训企业，它的业务就是选址、开店、收钱、培训员工

等。如果采用加盟模式，可以收取加盟费，加盟会获得什么服务内容呢？一般包含门店的选址、设备购置、员工培训、品牌授权等。当然，收取加盟费也是餐饮管理企业的主要赢利点。

餐饮行业卖吃的东西，赚钱速度太慢，不如复制开店赚钱。开一个店，收加盟费100万元，利润有25万元左右。这样开店就赚钱。开一个店赚25万元，一年开1万家店，就有25亿元的利润。店开起来之后，还可以收取每个店的管理费，比如按照它的营业额每年收5%的管理费。此外，还可以持续向门店销售原材料，赚一些差价。这就是餐饮管理企业的赢利模式。

如果按照这种模式设计，那这家餐饮管理企业还是餐饮企业吗？不完全是，它就变成一家输出管理的企业，设立的三家业务企业的收入，没有卖餐饮的收入，也没有卖菜的收入。第一个是管理企业，有管理费收入；第二个是买卖东西的供应链企业，大批货物采购、售出，获得贸易收入；第三个是开店做培训的，赚取加盟费收入。这样就把餐饮行业做成了一种商业模式，经过这样的改造，餐饮管理企业上市就完全没有问题了。

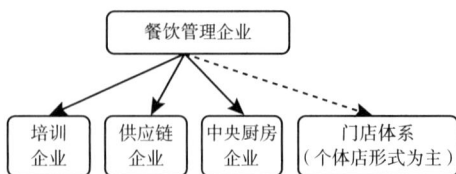

企业之间的关系

企业与企业之间的关系有三种：兄弟关系、母子关系、总分关系

一个企业家控制很多家企业，这些企业和企业之间到底是什么关系？企业与企业之间的关系有三种。第一种关系叫兄弟关系。举个例子，A企业、B企业和C企业三家企业有一个共同的"爹"，它们就是兄弟关系。什么情况下企业之间选择兄弟关系？如果企业经营多元化业务，企业之间一般选择兄弟关系。多元化，就是干不同的行业。A企业做建材、B企业做服装、C企业做

A企业、B企业、C企业为兄弟企业，业务没有任何关系

咨询培训。三家企业的业务没有任何关系，就适合选择兄弟关系。

第二种关系叫母子关系。所谓母子关系，就是A企业又成立一家A1企业。A企业和A1企业就是母子关系。A1企业的"爹"是A企业，而且一般情况下，A1企业只有A企业这一个股东。如果A企业的业务和A1企业的业务有上下游关系，就要选择母子关系。

A企业和A1企业有业务上下游关系，则选择母子关系

第三种关系叫总分关系。总分关系就是总企业和分企业之间的关系。一般同行业复制选择总分关系。

同业复制时，多选择总分关系。

可能有人会有疑问，母子关系与总分关系有什么区别？

分企业 vs. 子企业

总分关系，分企业的责任由总企业承担；母子关系，子企业的责任，子企业自

己独立承担。母子企业之间是有风险防火墙的，而总分企业之间是没有的。所以如果采用总分企业，总企业必须对分企业的管控力度比较强，比母企业对子企业的管控力度强，否则分企业违规总企业得承担责任。既然总分关系这么麻烦，那是不是直接采用母子关系就好呢？不尽然，因为总分企业在企业所得税征缴方面有一个很大的好处。比如，开酒店，广州、深圳、上海、北京都有酒店……有的酒店赢利，有的酒店亏损，新开业的酒店可能亏损，开业早的酒店可能赢利。如果这些酒店之间是母子关系，赢利的酒店要缴企业所得税，亏损的酒店不用缴企业所得税；如果这些酒店是总分关系的话，赢利的就可以和亏损的加在一起计算需要缴纳的企业所得税，可能当年缴纳的企业所得税比母子企业少。

有些地方政府不让在当地设分企业，那就只能设立子企业。当地政府不希望企业设立分企业有两个原因：第一，税务局不想把企业所得税缴到总企业所在地；第二，在统计 GDP 的时候，分企业创造的 GDP 统计到总企业所在地。所以地方政府会想办法卡住企业，比如企业想拿地，就会被要求在当地成立独立的法人企业，

也就是子企业。

企业扩展路径

做企业想做大，无外乎走两条路，一条路是横向发展，另一条路是纵向发展。横向发展就是走多元化路线，纵向发展就是走专业化路线。这两条路线也不是非此即彼的关系，企业可以在横着走的同时竖着走，举例如下。

A 企业是做服装的；B 企业是做机械制造的；C 企业是做房地产的；D 企业是开酒店的。它们之间适合选择兄弟关系，不适合母子关系，因为都不是一个行业，谁也帮不上谁。如果选择母子关系的话会产生矛盾，为什么？如果 B 企业做 A 企业的儿子，A 企业和 B 企业股权改造之后，B 企业赚的钱有一部分要给 A 企业。A 企业的股东也是多元化的，管理层有股份，那样 A 企业的管理层也拿到 B 企业管理层赚的钱，这样就非常不合理。

具体一点，B 企业赚的 1 亿元，给了 B 企业的管理层 40% 的股份，还剩下 60% 的股权在 A 企业名下。这样 B 企业赚的 1 亿元中有 4000 万元被 B 企业的管理层分走了，6000 万元给了 A 企业，A

企业的股份也有40%给了A企业的管理层，那么从B企业分回的6000万元要不要再分40%给A企业的管理层？这是个问题。

不该分的，分了还不如不分，A企业的管理层拿到2400万元，老板可能会想，这是我的钱，我爱给谁就给谁。这样想就错了，如果这么分的话，最后的结果是B企业的管理层不高兴，会说我们打的天下，我们赚了1亿元，拿到4000万元，A企业管理层什么都没干，凭什么拿2400万元？他们会觉得不公平。B企业管理层会认为，老板应该把这2400万元给他们，不应该给A企业的管理层，一定会出现这个矛盾。所以，为了防止以后出现管理上的矛盾，一开始要设定好。

除了兄弟关系外，A企业是否还可以横向发展，做多元化？就是A企业做服装不赚钱了，有一个新能源项目挺赚钱的，所以开始做新能源，可不可以？答案很明确，不可以。因为横向发展，走多元化路线，不是A企业的权力。要多元化发展，只能成立E企业，由E企业去做新的项目。A企业的管理层不能吃着碗里的看着锅里的，只能把服装板块做好。

所以A企业只能走专业化道路。但是，A企业可以拓展产业链，向上游、下游发展都可以，还可以把规模做大。比如，A企业可以成立设计企业A1、布料企业A2、加工企业A3、销售企业A4等，最后形成一个服装产业集团。

当然，机械制造企业也一样，也可以继续设立锻造企业B1、钢材企业B2、制造企业B3、销售企业B4……最后形成机械制造集团。

这样发展下去，未来企业旗下形成四大业务板块，四套人马四个集团。在四个板块企业的上面，对这四家企业控股的企业，一般不希望各家企业只有一个股东，应该让个人当小股东，控股的股东可以是X投资企业，那么，这样有什么好处？

X投资企业设立A企业，A企业赚钱了，老板突然想做B企业，做B企业需要钱，从哪儿来啊？从A企业来。如果不是X投资企业当股东，而是老板个人当股东，老板只要从A企业拿钱，就得缴纳个人所得税，缴税后再去投资B企业，是用税后红利投的。如果有了X投资企业，A企业赚钱了，分给X投资企业就行，X投资企业再投资B企业。A

```
┌─────────────┐
│  自然人股东  │
└──────┬──────┘
┌──────┴──────┐
│  X投资企业   │
└──────┬──────┘
```

A服装集团企业	B食品集团企业	C房地产集团企业	D酒店集团企业
A1设计企业	B1农业企业	C1杭州企业	D1北京企业
A2布料企业	B2养殖企业	C2南京企业	D2上海企业
A3加工企业	B3加工企业	C3上海企业	D3成都企业
A4销售企业	B4销售企业	C4广州企业	D4太原企业
……	……	……	……
A100	B100	C100	D100

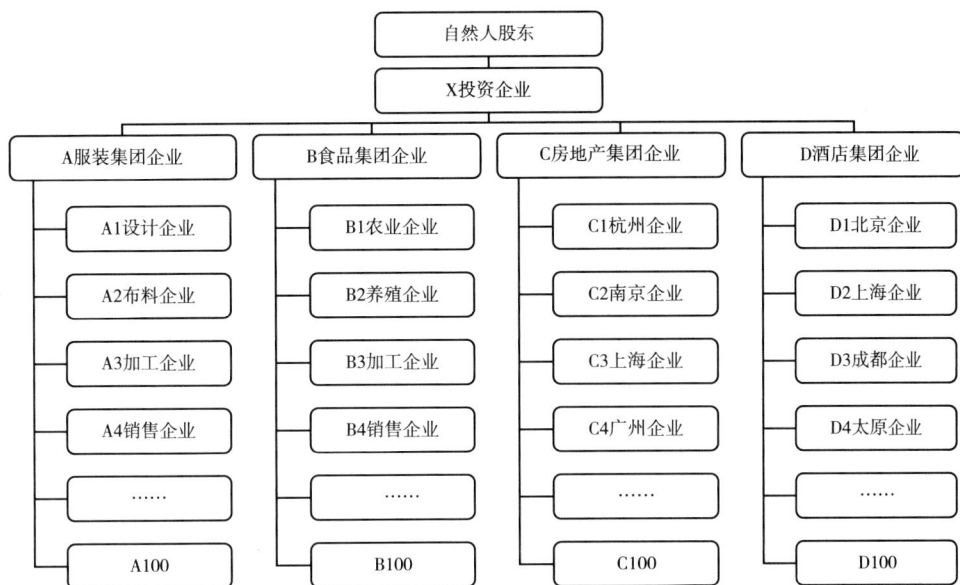

企业赚钱后，分红给 X 投资企业，X 投资企业是不需要缴税的，再投资给 B 企业也是不用缴税的。股东是法人不用缴税，股东是自然人就得缴税。因为老板没把这个钱装到自己兜里，而是把钱从 A 企业拿出，投资 B 企业、C 企业、D 企业。

还有一种情况，如果老板个人持有一家注册在广州的企业的股份，以后真的分红的时候，老板的个人所得税就得在广州缴纳。如果想改变纳税地点，怎么改呢？股东是自然人的话就改不了，如果股东是法人，就可以在 X 投资企业的所在地缴纳，因此，可以通过增加一层股权结构，改变 X 投资企业的注册地点，来改变个人所得税的纳税地点。

在选择个人所得税分红地点的时候，要根据目的选择，如果只是回报家乡，就注册在家乡；如果想降低税负，可以将 X 投资企业注册在税收洼地。

股权设计除了要降低税负，还要考虑业务发展的需要。A 企业可能有一天做股权改革，X 投资企业持有 A 企业的股份，不一定持有 100%，比如持有 A 企业的股权比例是 60%，另外 40% 股权给管理层。X 投资企业不允许外人随便进入，是实际控制人的家族企业。A 企业的管理层就在 A 企业这层持股。

当然，如果只有一个外人，而且这个人还与几个企业都有关系，怎么设计股权呢？这就需要在 X 投资企业的上面加一层。

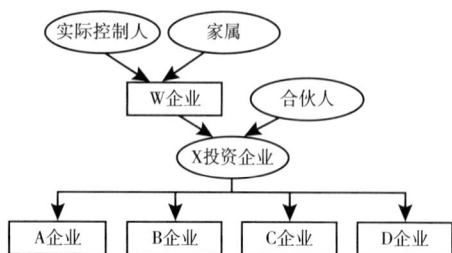

合伙人分享所有企业利润的股权结构

中国有句古话叫"富不过三代"，有些企业可能没想过能够富过三代，因为企业的股权架构设计就不能支持富过三代。很多老板说要做百年基业，事实上从股权架构上看就不可能。第一代创业，到第二代有两个继承人，到第三代有四个继承人，再到第四代的时候至少有八个甚至十几个继承人了，那么企业的股权分散了，事业就没有办法传承下去了。

因此，为了保证传承百年，就必须对家族的整体利益进行考虑。要让家族形成一个整体，家族的利益、行动要变成一致的。什么叫作一致？就是我中有你，你中有我；我的是你的，你的也是我的。但是，家族里会有一些人有其他想法，你的是我的，我的还是我的，我现在干的任何事都跟家族有关系。

假设有这样的一个家庭，兄妹三人，大哥、二弟、三妹，三人共同投资设立一个 X 投资企业，大哥持股比例为 51%，二弟持股比例为 29%，三妹持股比例为 20%。X 投资企业下面再设立 A 企业、B 企业、C 企业等。

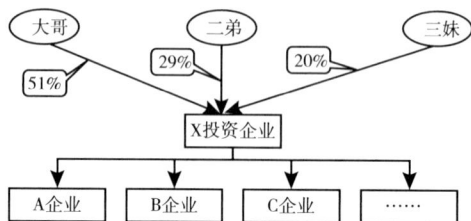

普通的家庭成员股权结构

在这种股权结构下，X 投资企业将成为整个家族做事业的控股企业，相当于集团总部，大哥在 X 投资企业及以下 A 企业、B 企业、C 企业所做的事情都和二弟、三妹有关系。

如果将来有一天，大哥想干一件事，不想带着二弟和三妹了，而且二弟和三妹也不想掺和大哥的新事业，那就要设计新的股权结构了，比如，形成下图的股权结构。

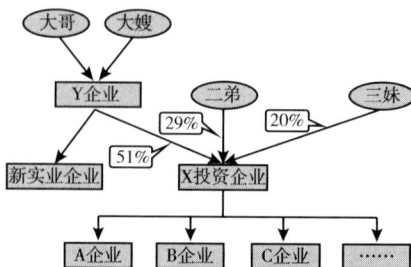

家庭成员拓展后的股权结构

同样的道理，二弟也可以成立自己的企业、三妹也可以成立自己的企业，各自代表一个家庭。

上面的股权结构，在传承到第二代的时候，大哥的孩子就会在 Y 企业中持有股权。同理，二弟、三妹的子女也可以在各自的家庭企业里持有股权，这样，一个大家族的主要资产，还都集中在 X 投资企业里。

那么，传承到第三代怎么办呢？到了第三代，上面的股权结构就不是很适合了，需要引入家族信托的资产管理形式。因为到了第三代的时候，整个家族会变成几十个人，每个人的股份都很少，股权非常分散，这些家族成员之间的血缘关系也远了，各有各的想法，甚至还可能与管理层、外部投资人联手，家族统一的控制权很可能就散了，就称不上是家族企业了。

多层持股结构，还有一个好处就是可以放大控股权。如下图的持股架构。

大哥持有 X 投资企业 51% 的股权，X 投资企业持有 A 企业 60% 的股权，那么，大哥实际持有 A 企业的股权比例是 30.6%。如果大哥直接持有 A 企业 30.6% 的股份，持股比例还没有 A

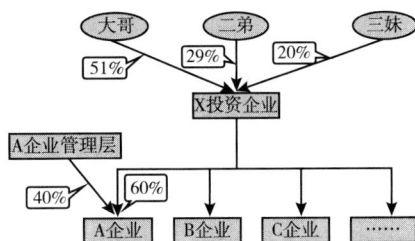

引入管理层持股的股权结构

企业管理层的持股比例高，因此很可能失去对 A 企业的控制权。但是，通过上面的这种持股结构，大哥持有 X 投资企业 51% 的股权，就有对 X 投资企业的控制权，X 投资企业持有 A 企业 60% 的股权，X 投资企业就对 A 企业有控制权，因此，大哥实际也就可以控制 A 企业。大哥通过 X 投资企业放大了自己的控制权。

有限合伙企业在企业扩展中的使用

股权有的时候不只代表钱，还代表话语权。企业创始人为了提高员工的积极性，可以把钱分了，但是话语权还是要控制在自己手里，特别是在创业初期的时候，话语权就意味着控制企业的发展方向。

所以，如果企业的规模大了，上面讲的 X 投资企业的架构还可以进一步

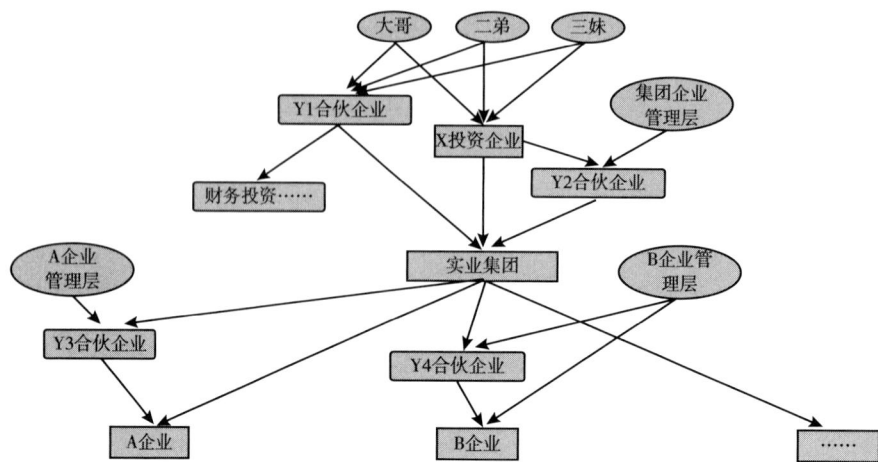

加入财务投资及多层次管理层持股的股权结构

拓展。家族成员可以一起投资设立 X 投资企业，同时一起投资设立 Y1 合伙企业，X 投资企业用于实业投资，Y1 合伙企业用于财务投资。往下一层，X 投资企业作为 GP，集团企业管理层作为 LP，共同投资设立 Y2 合伙企业。Y1 合伙企业、Y2 合伙企业、X 投资企业共同投资设立实业集团。在这个层次，X 投资企业作为长期控股的主体，将来实业集团上市后，家族成员可以通过 Y1 合伙企业变现一部分股权，集团企业管理层可以通过 Y2 合伙企业变现股权。Y1 合伙企业同时可以用于对外进行财务投资。再往下一层，实业集团作为投资主体，投资控股 A 企业、B 企业等经营具体业务的企业，为了让 A

企业、B 企业的管理层也分享自己经营管理企业的利润，实业集团与 A 企业、B 企业管理层共同出资设立 Y3 合伙企业、Y4 合伙企业，共同对开展具体业务的企业进行投资。

上面的模式，都是以有限责任企业作为合伙企业的普通合伙人，实际上用有限责任的形式，避免了承担合伙企业的无限责任。当然，也可以用自然人直接担任合伙企业的普通合伙人，但税负结果不一样。

在上图中的股权架构里，A 企业的税后利润分配给 Y3 合伙企业和实业集团。Y3 合伙企业不需要缴纳企业所得税，只需要代扣代缴 A 企业管理层的个人所得税。实业集团收到 A 企业的红利后，不需要缴纳企业所得税，实业集团再向X投资企业分红，X投资企业仍不需要缴纳企业所得税。只有当X投资企业向大哥、二弟、三妹分红的时候，才需要代扣代缴个人所得税。集团企业管理层从实业集团领取分红的时候，也需要缴纳个人所得税。

从这个股权架构可以看出，大哥、二弟、三妹三位家族成员，是通过三条路径持有实业集团的股权的，分别是Y1合伙企业、Y2合伙企业、X投资企业，这三条线路各有各的目的。Y1合伙企业主要解决实业集团上市后家族成员股权变现的问题；Y2合作企业解决集团企业管理层的控制权问题；而X投资企业主要实现对各企业的控股。股权变现和红利分配是两种不同的收益实现方式，所以需要用不同的路线来实现，才能达到税负最小化的目的。

有限合伙企业与管理层持股

有限合伙企业的好处有很多，地方政府也都很喜欢，因为这种企业能够缴税，没有生产，也不会有污染。所以，很多地方政府对有限合伙企业出台了税收优惠政策，如西藏以及新疆的霍尔果斯等。企业家在注册有限合伙企业的时候，可以选择税收洼地作为注册地。

上面的股权架构，除了解决家族成员变现、控股的问题，还把管理层也放在了合伙企业里，目的是什么呢？很多企业为了激发管理层的积极性，搞管理层持股。如果让管理层在其任职的企业里直接持股，那股东人数就特别多，弄个股东大会决议，找人签字都要很长时间，很麻烦。实施管理层持股的目的是让管理层有更多的收入，而不是让管理层在股东大会指手画脚。因此，既要让管理层分享企业的利润，又要让管理层不参与股东层面的活动，把管理层放在有限合伙企业里就是一个两全其美的方案。管理层成员在有限合伙企业里做有限合伙人，可以分红，但是不能参与合伙企业的经营管理。而实际控制人担任有限合伙企业的普通合伙人，可以保证对企业的绝对控制。一般把这样的有限合伙企业称为管理层持股平台。在实际操作中，为了企业未来发展引进新的人才，X投资企业在管理层持股平台里的股份要预留一部分放在普通合伙人的名下，以便将来转让给新来的人。

GP与LP

在有限合伙企业里，决策权以及分红的比例，和合伙人的出资比例没有绝对的对应关系。比如，张三、李四、王五三个人成立一家有限合伙企业，张三是普通合伙人（GP），而李四、王五是有限合伙人（LP），张三出资5万元，李四、王五两个人各出资1000万元。这个企业的经营管理还是张三说了算，李四、王五出再多钱说了也不算。如果将来这个有限合伙企业赚钱了，按照什么比例来分配呢？他们可以约定，赚钱了先给张三分20%的利润，剩下的再给李四、王五分配。所以，如果在上面的实业集团层面开股东大会的时候，X投资企业的意见就是Y2合伙企业的意见，集团企业管理层实际上在实业集团股东大会这个层面是没有参与权的。

所以，一些控制大企业的家族可能要设置一种较高层级的架构，大部分中小企业现在还想不到这一层，主要原因就是钱不够多。当企业的规模达到十亿元并且跨行业经营的时候，企业家就会发现，这个架构正是他们需要的东西。所谓"人无远虑，必有近忧"，即使目前企业的规模还不够大，也有必要先搭建适合未来十年发展的股权架构。

企业表决权

在企业控制权方面，有三个关键节点。企业表决权的第一个节点是34%，持有34%的表决权，就有了重大事项的否决权。否决权就是想干什么说了不算，但是对自己不满意的事情可以否定。那么，什么是"重大事项"呢？根据《中华人民共和国企业法》的规定，以下事项需要在股东大会上持有三分之二表决权的股东通过（如果是股份制企业，要求出席股东大会的股东中持有三分之二表决权的股东通过）。

【相关法律条文】

股东大会做出修改企业章程、增加或者减少注册资本的决议，以及企业合并、分立、解散或者变更企业形式的决议，必须经代表三分之二以上表决权的股东通过。

——《中华人民共和国企业法》第四十三条

企业股东大会表决权的第二个节点是51%，叫作相对控股，具有一般重大事项的决策权。《中华人民共和国企业法》也规定了哪些事项属于"一般重大事项"。

【相关法律条文】

股东大会行使下列职权：

（一）决定企业的经营方针和投资计划；

（二）选举和更换非由职工代表担任的董事、监事，决定有关董事、监事的报酬事项；

（三）审议批准董事会的报告；

（四）审议批准监事会或者监事的报告；

（五）审议批准企业的年度财务预算方案、决算方案；

（六）审议批准企业的利润分配方案和弥补亏损方案；

（七）对企业增加或者减少注册资本做出决议；

（八）对发行企业债券做出决议；

（九）对企业合并、分立、解散、清算或者变更企业形式做出决议；

（十）修改企业章程；

（十一）企业章程规定的其他职权。

——《中华人民共和国企业法》第三十七条

上述职权中，第（七）条、第（十）条以及第（九）条中的企业合并、分立、解散、变更企业形式属于重大事项，需要持有三分之二表决权的股东通过。

第三个关键节点是67%。如果持有一家企业的表决权比例达到67%，叫作绝对控股，将拥有企业重大事项的决策权，基本上就是企业怎么干都可以说了算。

所以，要想绝对控制一家企业，持有的表决权比例要超过67%；如果只是想行使重大事项否决权，表决权比例不能低于34%。一般情况下，大股东持有一家企业的表决权，除非不得已，不会低于34%。如果表决权低于34%，那就只是一个名义上的大股东而已，很多时候都说了不算。

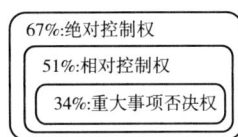

67%：绝对控制权
51%：相对控制权
34%：重大事项否决权

为什么阿里巴巴的股票不在中国证券市场上市？其实，阿里巴巴最开始想在中国内地证券市场上市，上不了又想去中国香港上市，也上不了，只能去美国。为什么？就是马云想用15%的股份控制企业，《中华人民共和国企业法》要求上市企业的股东同股同权，15%的持股比例不可能控制企业，中国不可能为了马云，为了阿里巴巴修改法案；去中国香港上市，也不能实现这个要求，中国香港也不能为了一家企业单独出台一个规定。真正比较务实的还是美国，只要法律文件做好就可以，美国允许马云以15%的股权控制企业，所以阿里巴巴去美国上市了。虽然马云的团队仅持有阿里巴巴百分之十几的股份，但是他们有控制权，董事会的多数成员是能说了算的，这个特殊的形式中国是不允许的。

如果是有限责任企业，股东可以在企业章程里做特别约定，让股东在股东大会里的表决权比例与出资比例不一致。假如有这样的一家企业，大哥持有30.6%的股权，二弟、三妹和管理层的持股比例合计超过67%，接近70%，如果股东大会表决权比例与持股比例相同，二弟、三妹和管理层联手，就可以取得企业的绝对控制权，大哥虽然是最大股东，但也很可能落选，当不了董事长。那么，如何避免这种情况呢？可以在当初制定企业章程的时候，特别规定一条，"企业更换董事长，需要持有企业99%股权的股东同意"。当然，这样的规定要在企业首次制定章程的时候，各位股东就谈好并一致同意。因为，修改章程也是要持有三分之二表决权的股东通过才

可以。

在前面提到的股权架构中，大哥如果直接持有A企业30.6%的股份，这30.6%的股份是没有达到第一个股权控制节点34%的。但是，依靠这种架构，大哥对A企业的控制权没有风险。因为大哥控制了X投资企业，X投资企业控制了A企业，所以最终A企业还是在大哥掌控之中，二弟和三妹就算有不同的意见，也没有办法跟别人联手控制A企业。所以，这个股权架构的设计内涵，就是家族内部的矛盾必须在家族内部解决，不允许家族内的人和外人联手。

这个股权架构好处很多，即使现在企业的规模还不大，X投资企业是一个空壳企业，但是，当有一天要用到这个架构的时候，X投资企业的作用就能体现出来，所以要提前规划好。如果企业规模发展得很大，X投资企业就是集团的总部。

当然，对于大部分企业来说，老板都是没有那么远期的规划的，不可能先在白纸上划好股权架构，再去做业务。大部分是先有业务企业，如A企业、B企业等，但是没有X投资企业，通俗的说法叫先有"儿子"后有"爹"，而不是先有母企

业，再设子企业。那如何将目前的股权架构调整成上面所讲的 X 投资企业控股架构呢？

这个调整过程比较复杂，要看现有企业的资产状况、累计未分配利润、股权状况等。一般来说，要考虑税收问题，也要考虑业务资质问题等。不建议企业自己做调整，应该聘请像长财咨询这样的专业机构来做方案。

老板的任务

企业能够走多远，取决于企业的实际控制人能站多高、看多远。做企业其实是需要设计的，很多企业刚开始的时候没有设计，但是，要想走得更远，就需要从整体上做一些规划。《财务通》并不是很多企业家想象的那样讲财务，而是讲管理，因为财务本身就是管理。

小企业的管理以业务为主导，大企业的管理以财务为主导。这里的"财务"，不是一般人想象中的做账、缴税。一家企业是一个组织，评判这个组织运营的好坏，需要看一些财务方面的指标，比如，收入多少、利润多少、现金流多少等。所以，企业的规模越大，财务管控就越重要。当然，强调财务重要，不等于

财务就是企业扩张过程中的唯一重要因素。模式、产品、营销、管控，这四个要素是企业发展扩张的要素，这几个关键问题如果不能解决，企业的战略就不清晰。

作为企业的实际控制人，在考虑企业发展的时候，要以下面的顺序去考虑问题。

商业模式的梳理完善

第一步，商业模式的梳理完善。在企业的商业模式没有完全确定下来之前，企业的扩张一般不会很迅速，因为企业实际控制人的目标不够高，可能开始的时候就是做一个产品、一个业务赚点钱。

有些行业、有些企业不适合做大，只适合做"小金豆"。所谓"小金豆"就是具有这样特征的企业：内功非常强，规模不大，现金流好，利润不错。一些小众领域产品的全国市场规模也许只有 20 亿元，这样就适合做"小金豆"，目的就是避免大众领域的激烈竞争。

现在很多的企业老板，上了很多课程，比如商业模式方面的课程。上完课之后，脑子里装的全是平台思维，马云的成功误导了很多人。马云的成功能否复制，

是需要企业家仔细考虑的。很多企业家被灌输了平台思维，动不动想做平台。但是，一个行业的平台最多有两个到三个，基本上第一名和第二名竞争，第三名就会死掉，最终这个行业的平台只有1~2个。怎么可能每个企业都去做平台？

平台好不好？当然好，只要是马云想做的东西都是好东西，但大量的资本进入后，就没其他人的路了。所谓平台就是在买卖双方之间插一杠子。滴滴、快的、优步三家企业，先打得不可开交，最后合并成一家，其他小打小闹的最后都会消失。滴滴这样的平台，就是在打车的人和出租车司机之间插了一杠子，刚开始的时候拉拢两方，对打车的乘客进行补贴，也对开车的司机进行补贴，后来只拉拢一方，只对打车的乘客补贴，后来哪一方都不拉拢了。为什么？因为平台垄断了。所以这就是大众领域的玩法、平台的玩法，要把一个平台建起来是需要大量资本的，仅靠一般的企业自身积累是不行的，要靠资本市场的力量。

有些企业选择的是小众领域，做不大，但是做得精、做得好，在这个行业有名声。比如在欧洲，有很多经营了几百年的企业，规模并不大，尤其是意大利，小众领域做得非常精，全球的收入也不过几亿美元，但是利润率很高，现金流也很好。因为这样的领域，市场份额不大，大资本看不上。

对于很多企业来说，把规模做大依然是非常重要的选择，所以梳理完善企业的商业模式是非常重要的。当然大部分企业谈不上什么商业模式，只不过是低买高卖，但是确实有一些行业，还是需要去重新完善和确认企业的商业模式，这是老板一定要想清楚的事。

制定企业战略，设定战略目标

第二步，制定企业战略，设定战略目标。这是老板必须要明确的任务。一般来说，设定企业战略和财务没有直接的关系，而和企业的顶层架构设计、股权架构设计有关系。企业必须有清晰的战略，因为战略可以凝聚人才，战略可以让员工有信心跟着企业走下去。但是，光有战略、商业模式，事情还是干不成。脑洞大开的人太多了，只会说不会干的人也太多了，讲商业模式课程的老师能讲得天花乱坠，但是他自己可能没有开过企业，没有用他自己设计的商业模式做过业务。因此，仅仅有战略、商业模式，还是不能落地。

确定企业的顶层设计和发展路线图

第三步，确定企业的顶层设计和发展路线图。要落地，要把商业模式和战略实现，得先完成顶层设计，包括股权架构设计、管理架构设计，把企业未来发展扩张的路线图画出来，但光有个架子还不够，距离把事情干好还很远，还要进一步去行动。

完善业务流程

第四步，完善业务流程。企业本身有自己的业务、自己的产品，当然产品、业务一定是要有市场需求的，能给客户带来价值的，之后才谈得上完善业务流程，确认财税处理和管控路径。

企业家如果把现有的产业、产品、业务重新梳理一遍，就有可能产生不一样的想法。例如，长财咨询有一个做儿童培训的客户。如果没有把商业模式、企业战略、顶层设计、业务流程想清楚，去做儿童培训，也就是开一两个店的事情。而如

果把上面列的这些因素想清楚了，那就不是开几个店的事情了，而是吸引同行、上下游过来，做成一个很大的产业，这就是高度。长财咨询这个成都的客户，虽然只做孩子课后的复习辅导，但是已经做到十亿元的规模，即将上市，这是很多人很难想象的。

长财咨询在上海有一个客户，做婚纱摄影业务。这个老板把商业模式、企业战略等问题想清楚之后，所做的事绝对超出大部分人的想象。传统意义上的摄影行业就是摄影师有技术，自己开店，维持生计而已。但是，上海的这个客户能够在三年内把婚纱摄影的市场规模做到百亿元以上。这个老板是个"80后"，原本并不是学摄影的，而是学计算机的。他的企业扩张速度非常快，更厉害的是他设定了第二个目标，再过三年做到千亿元规模。婚纱摄影怎么能做到百亿元规模，得有多少人照相？完全不是普通人想象的那样，他做婚纱摄影只是开始，消费者结婚还要买婚纱、办酒席、买婚房，结婚后还要生孩子，小朋友也要拍照，还可能年年拍。所以这千亿元的生意做的是整个产业链。

3.2 财务投资

　　企业家要两条腿走路，一条腿要把自己的企业做好，另一条腿要做好财务投资。尽管现在很多企业刚刚起步，缺钱缺得很厉害，但是财务投资最重要的不是钱，而是有思路。

　　所有成功的企业，没有一家企业不做财务投资，财富榜上的巨富都会做财务投资。因为货币在不断贬值，所以要采取方法让手中的资产保值增值。必须建立这种意识、这种思维模式和路径，要有财务投资的概念。做实业还是要踏踏实实做，如果资本能够推动实业的发展，实业又能提高资本的收益，那不是更好吗？

财务投资人不参与经营，只是让钱能挣到钱

　　所谓财务投资，就是投资人不参与经营，其目的只有一个，就是让钱赚钱，赚到钱就撤。做财务投资，要选择好投资的主体。假设一个朋友的企业准备上市，已经进入辅导期，可以入股，肯定是赚钱的生意。如果选择 X 企业做投资主体，就是让 X 企业去做财务投资，法律上没有任何问题。投资了 1000 万元，之后这家企业真的上市了，1000 万元投资买的股票就很可能价值 5000 万元。卖掉市值 5000 万元的股票，赚了 4000 万元，X 企业要缴纳 25% 的企业所得税，再给自然人股东分红，还要再缴纳 20% 的个人所得税，这样不划算。不如直接用自然人去投资这家即将上市的企业。

投资目标的选择

　　做财务投资，要选择有利润价值的目标，什么是利润价值？就是企业也许理论上有可能上市，但在可预见的未来根本上不了市。这种企业可以投，只要价格合适。不能卖股票，投资怎么赚钱呢？靠企业赚的利润分红。但是，一般来说，这样方式的赚钱速度太慢了，大部分专业的投资者是不会这样投资的。现在有很多这样的企业，比如做餐饮的企业，有利润价值却没有资本价值，现有的模式上不了市。

　　投资这种只有利润价值而没有资本价值的企业，考察投资回报水平的一个指标是投资回收期，所谓投资回收期，就是钱投进去之后，多少年可以回本。比如，投

100万元，2～3年分红就能分得100万元，投资回收期为2～3年，风险相对较低；如果投资之后，10年时间才能回本，那风险很大。当然，投资回收期是一个风险衡量指标，比较粗糙，没有考虑回本之后的情况。

所以，对于财务投资人来说，投资一家企业，投与不投首先要考虑的因素不是赚不赚钱，而是如何退出。项目很好，但是上不了市，大股东也不回购股份，还没有多少分红，那就不能投资。除非事先与大股东约定好，投资两年之后净利润达到多少，如果企业上不了市，大股东必须回购投资人的股份，约定好回购价格，才可以投资。

财务投资首先考虑的是退出途径，而不是赚多少钱

由于财务投资是在投资之前就先考虑如何退出，所以如果用企业作为投资主体，那么投资产生的投资收益就要缴纳企业所得税，以后分红给个人，还要缴纳个人所得税。企业投与个人投，税负差异比较大，所以选择投资主体就比较重要。从税的角度讲，当然以个人名义投资是比较

合适的。但问题又来了，在中国的概念里，一家企业、组织要比个人的信用高，如果以个人名义投资，被投资企业都不喜欢，认为个人没什么信用，总是希望一个组织对它投资。那么，就要用到一种企业的法律形态，这种企业运作行为和一般企业一样，但是税按照个人名义缴纳，这就是有限合伙企业。

财务投资的投资主体首选有限合伙企业

现在中国资本市场上的大部分投资机构，包括私募股权基金、风险投资基金等，基本上都是有限合伙企业。有限合伙企业是合伙企业的一种特殊模式，在合伙企业里，投资人有两种，一种叫作普通合伙人（GP），负责有限合伙企业的日常运营，承担无限责任；另一种叫作有限合伙人（LP），只负责出资，收取红利，不参与有限合伙企业的运营管理，承担有限责任。有限合伙企业也是一种组织，但是它本身不需要缴纳企业所得税，只需要合伙人自己缴纳个人所得税。所以，如果采用这种企业的法律形态去做财务投资，就可以同时兼顾运作和纳税规划的需要。

财务投资的原则

做财务投资，也不能乱投，不管一级市场投资还是二级市场投资，都要先具备基本的投资常识。

二级市场投资，就是在证券市场买卖股票，赚取差价；一级市场投资，就是买没有上市的企业的股权。一级市场投资的风险比较大，因为可能买了一家企业的股权后，企业上不了市，股权就无法变现退出。所以一级市场投资退出的风险比较大。二级市场投资，是买已经上市的企业在证券市场交易的股票，流动性很好，基本上想买就能买，想卖的时候就能卖，所以退出的风险基本没有，但是价格波动比较大。还有一种说法，把定向增发叫作一级半市场。就是已经上市的企业，为了发展壮大，增加资本金，吸收新的股东。参与定向增发成为新股东的这些投资人，就是在做一级半市场投资。因为这种投资，有一级市场的特征，不能马上变现，有锁定期；也有二级市场特征，锁定期过了能够完全流通。所以一级半市场投资，也是基本上没有退出风险的，但是收益率一般没有一级市场投资那么高，因为投资的价格会比一级市场高很多。

现在很多新三板挂牌企业也做定向增发，很多不了解情况的人也想投资。其实，新三板挂牌企业并不是上市企业，官方的说法是"非上市公众企业"，所以，严格说来，一家企业在新三板"上市"的说法是错误的，只能叫"挂牌交易"。新三板挂牌企业的股权交易一般都不活跃，所以，投资新三板企业的退出风险还是很高的，而且，目前很多新三板企业的估值比主板市场的企业估值还高，投资它们还不如买二级市场的股票。

最近几年，中国的私募股权基金发展很快，全国有上万家做一级市场投资的机构，但是好的投资项目比较少，僧多粥少的局面造成的结果就是一级市场的投资价格被追得很高，甚至比二级市场的价格还高。所以，投资一级市场，不但退出风险高，而且价格也高，好的机会不是很多，做一级市场投资要慎重。

是否投资一家企业，不但要看这家企业是否足够好，而且要考虑投资价格是否合适。好的企业大家都想投，自然价格就高。从投资的角度来说，投资的价格高，获利的空间就很可能低。因此，投资的过程就是对投资目标的价值和价格权衡的过程。

做财务投资，无论是一级市场投资、二级市场投资，还是非财务投资的企业战略转型中对新项目的投资，都要遵循一定的原则。

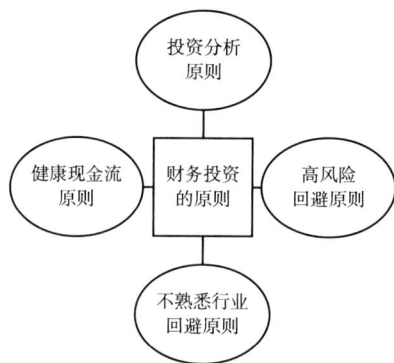

第一个原则，投资分析原则。要做投资就必须先做投资分析，投资不是全凭想象，任何事情可能没有想象的那么好，一旦代入情绪，投资人对项目的看法就很容易失去客观性。

做投资分析，要学会看商业计划书。想吸引外部投资的企业，要做出一份商业计划书，把自己的模式、未来发展方向描述清楚。投资分析的过程就是验证这份商业计划书合理性的过程。分析商业计划书展望的未来是否建立在可以验证的基础之上，推导过程是否符合逻辑。

第二个原则，高风险回避原则。有些行业可能未来很美好，但是风险非常高。不能只看到行业的美好未来，或只看到行业的美好现在，头脑发热就直接投钱。长财咨询曾经有一个浙江的客户，做服装业务积攒了很多钱。和几个人一起投资了 7000 万元，做一个与服装完全不相关的行业——游戏软件。结果 7000 万元砸进去之后，游戏还没有上线，距离赢利还遥遥无期，钱就花完了，又要求追加投资 5000 万元。但是追加投资是否就能够完成项目并实现赢利，还是没有把握。这个客户对游戏行业也不懂，就是听人说这个行业很好，国家鼓励，与文化相关，是风险投资机构的投资热点，就盲目投资了。

投资需要理性分析，而不是跟风，特别是不能跟"风投"的风，"风投"就是风险投资，也被戏称为"疯投"，就是说像疯子一样投资。首先，"风投"用的不是自己的钱，它也是一个金融中介，实际上用的是投资人的钱；其次，"风投"是有任务的，把钱募集过来，必须在规定的时间内找到项目投出去；最后，"风投"是集中很多投资人的钱，可以投很多项目，实际上是做了风险对冲，一个项目成功就可以冲抵九个项目的失败，还能赢利。所以，"风投"的投资与企业家拿自己的钱去做财务投资是不一样的。

【案例】

长财咨询的一个做培训的客户,具体经营方式是录制光盘,在搜索引擎上做推广出售。一年大概有1000万元收入。但是线上教育很难赚钱,因为要给推广平台600万~700万元的推广费。一家风险投资机构打算给这位客户投资,他感到很奇怪,也有点得意,以为能被"风投"看上说明已经做得很好。其实,这家风投的计划是投资线上教育行业,需要先找十家行业内的企业,找不齐就拿这位客户凑数。这位客户在长财咨询的咨询师指导下接受了"风投"的资金。

一旦经济形势不好,社会上的骗子就会增加。因为企业家找不到好项目,骗子就会钻空子,骗子想的不是赚钱,而是要骗到本钱。所以,企业家面对投资机会,理性分析非常重要,要尽量回避高风险行业。

第三个原则,不熟悉行业回避原则。有一个长财咨询的客户给长财咨询的培训课程算账,觉得做培训很赚钱,投资300万元开始做培训,高薪聘请培训行业的人才。结果,没过几个月,投资本金烧光了,培训也没有做成。

每个行业都有自己的特点,外行在没有深入研究的情况下,很难了解其中的关键。因此,自己熟悉的行业才是好的投资对象,把自己熟悉的行业做到极致就会成为好的投资案例。要投不熟悉的行业,就要深入研究这个行业。

第四个原则,健康现金流原则。就是企业家在做新项目投资的时候,不允许抽调原有企业的流动资金。有些企业做新的投资,抽调原有企业的流动资金,甚至把原有企业作为融资平台,加杠杆去银行借款做投资。切记,做财务投资是锦上添花的事情,要用余钱去做资产配置,而不是模仿赌徒的翻本行为,那样一旦赌输了就会满盘皆输,把原有企业也拖垮,甚至把家庭的资产都赔进去。确实有一些行业要抓住机会,大干快上,但必须先准备好,没准备好就上必然是死路一条。

【案例】

一个行业内很有名的箱包企业,一年有6亿~7亿元的收入,每年净赚几千万元是没问题的。这个企业为了购买1000亩地建电商物流园,把原有企业所有资金都抽调出来,能抵押的资产也全部抵押出去，结果新项目没做好，原有企业就被拖垮了。

做投资无论怎样都有风险，有可能血本无归，健康现金流原则就是不允许新投资损害原有企业的现金流。

3.3 企业内部投资

企业内部投资，不是对外股权投资，也不是买卖股票的财务投资。对于大部分企业来说，做得最多的投资是对现有企业的投资。比如，企业买厂房就是企业内部投资，买设备、买材料也是企业内部投资。经营企业，实际上就是做投融资。投资组合不一样导致企业未来收益也不一样，所以对于大部分企业来说，最重要的投资是企业内部投资。企业做内部投资，资产负债表非常重要，因为它是企业内部的投融资报表。

资产负债表解读

老板要可以读懂报表

作为老板，完全授权给别人，自己

当甩手掌柜是不行的。要对企业有监控。不监控企业，凭信任完全把企业交出去，那是挑战人性，迟早要出问题。老板要学会看报表，要看得懂报表，什么叫看得懂报表？有两个标准。第一，喜欢看。老板要是看着报表，头都大了，根本不喜欢看，那不可能看懂；第二，能通过报表了解企业运营的好坏，从而决定该骂人还是表扬人。看报表，满足这两条就叫看懂了，是真喜欢看报表，否则都叫没看懂。为什么不喜欢看，原因有可能是老板不知道报表说的是什么，也有可能是报表做得太复杂。

有的企业，财务报表做得太复杂。不要说老板看不懂，连财务人员都看不懂，比如，从企业成立开始，报表中"交易性金融资产"余额一直为 0，因为财务人员不知道这个项目是什么意思。而且，很多企业给税务局报什么报表，就给老板看什么报表。目的不一样、对象不一样，却提供一样的报表，老板怎么能看懂？

根据受众呈现财务报表

所以，目的不同，出具的报表就应该不一样。给税务局出的报表，要遵循国家的规定；给老板看的报表，要按老板要求提供。财务人员真正明白这一点，才算真正专业。

提供给老板的报表，提供给管理层的报表，应该按照看报表的人的要求制作，俗话说"做事不由东，累死也无功"。搞财务的专业人士必须走出自己的世界，走进企业管理团队的世界，走进老板的世界。

报表呈现要素：内容完整前提下的简单＋美观

财务报表要简单美观。做到报表简单是不简单的事，要数字完整，但是形式简单。一般的报表里包括"销售费用""管理费用""财务费用"等一大堆项目，实际上用"期间费用"汇总就可以了。比如，第一行列出收入、第二行列出成本、第三行列出利润，就能满足老板的需要，让老板得到想要的信息，那其他内容省略就可以。也就是说，能用一行绝不用两行；能用一个字，绝不用两个字。不要废话，删掉为零的项目，那样资产负债表会从长长的一张表变成很小的一张表。

把资产负债表做成很小的一张表就很

好，财务人员不要以为把财务报表做得简单显得自己水平低，事实是，把复杂事情做简单的人才是真正有水平的。

报表要精确到角分吗

要努力用最简单的方式达到目的。老板看报表，最重要的是报表内容的整体性，而不是某个数字，最好把报表的金额单位改成万元。有的企业，规模其实没多大，资产负债表、利润表中的数字精确到几角几分，老板看到数字，还要换算成万元，很费时间，也影响了整体感。

如果企业规模大，金额单位改成万元，数据看起来还是很复杂，那就把金额单位改成亿元，老板看到两三位数字就可以了。有的财务专业人士，可能会对此有疑问，认为金额单位改成万元、亿元，那就太不准确了。要记住，财务的最高境界是做到平衡，各种各样的平衡，做账的核心是平衡，财务总监的身份要平衡，原则性和灵活性也要平衡。

老板看报表，他是想通过报表数字看到企业的业务，几角几分不影响老板的判断。这和财务人员做账是两码事，做会计必须精确到分，但是给管理者看报表，没必要一分都不差。因为老板想通过报表透视企业的业务，而不想检查会计做得是不是精确。

有的老板看资产负债表看不懂，因为上面的会计科目和经营管理中的名称对应不上，报表中的项目名称已经被人为改得离本质越来越远，所以管理人员、业务人员不知道报表在说什么，"应收账款""应付账款"……老板对这些名词没感觉。给老板看的报表，要按照老板习惯的称呼制作。老板不知道什么叫"存货"，可能企业经营中的名称是"库存"，那就把"存货"改成"库存"。管理人员怎么能看得明白，就改成什么名字，其本质不变。

【从业务角度看资产负债表】

"货币资金"。这个词太专业了，但其实就是钱，不要写"货币资金"，写"保险柜里的钱""银行里存的钱"。

"应收账款"。老板看"应收账款"一点感觉都没有，其实就是"客户欠的钱"。

"存货"。写成"库存占用的钱"，别把存货当存货，存货相当于打了捆的钞票扔在库房里。

"其他应收款"。写成"X欠的钱"，比如，员工备用金，就是某某欠的钱，是什么就写什么就可以了。

"固定资产"。写成"设备占用的钱""厂房占用的钱"。

"短期借款"。写成"欠银行的钱"。

"应付账款""应付票据"。写成"欠供应商的钱"。

"应付职工薪酬"。不够接地气，写成"欠员工的钱"。

改版的资产负债表

左边（花钱）	金额	右边（进钱）	金额
保险柜里的钱		欠银行的钱	
银行里存的钱		欠供应商的钱	
客户欠的钱		欠员工的钱	
库存占用的钱		欠税务局的钱	
X欠的钱		欠Y的钱	
设备占用的钱		……	
厂房占用的钱		股东投入的钱	
……		股东赚的钱	
合计		合计	

"应缴税费"。写成"欠税务局的钱"。

"实收资本""资本公积"。看着很容易发懵，其实就是"股东投入的钱"。

"未分配利润"。股东的钱分两部分，一部分是股东投的，另一部分是股东赚的，股东投了100万元，之后赚了200万元，"股东赚的钱"股东还没有拿走，放在企业里，就是"未分配利润"。

资产负债表就是钱，左边是花钱，右边是进钱，欠款也是进钱的渠道。其实资产负债表很简单，左边告诉我们企业把钱都花在哪儿了，右边告诉我们钱从哪儿来的。

把资产负债表改成这样，老板看的时候就感觉看懂了。格式一改变，立马就有不一样的效果，至少给出这张报表的时候，老板从内心是喜欢看的，花多少钱，欠多少钱……至少老板、管理者有欲望看了，因为他很想知道企业的钱都从哪来、去哪了，其实这就是资产负债表的本质。

这样来看，资产负债表就是企业内部的投融资报表，左边告诉我们钱花哪里了，右边告诉我们钱从哪里来。更关键的是钱该花在哪儿？不是说看完改版的财务报表，老板就能明白了。老板看完改版的资产负债表之后，依然不知道是好是坏，只是有紧迫感了："哎哟，我欠银行那么多钱，我欠税务局那么多钱。"全是欠的钱让老板有了紧迫感，但是好与坏还不明了。

资产负债表是一个结果报表

第一，资产负债表是一个结果报表。是某一个时点的结果报表。某一个时点如"截至2017年7月31日""截至2018年8月31日"……的照片。因为每时每刻企业经营状况都在发生变化，资产负债表就是给企业经营状态拍照，把某个时点的状态定格下来。

资产负债表是实力的反映

第二，资产负债表在某种程度上说明了一家企业的实力。资产负债表的金额很大，表明企业掌握的资产很多，实力比较强。

第三，资产负债表源于一个伟大的公式，这个公式让每一家企业的实力情况有了一个标准的表达。

$$\text{资产} = \text{负债} + \text{权益}$$

资产代表企业控制的可用货币计量的资源。资产就是资源，但这个资源并不是企业的全部资源，只是可以用钱计量的那部分资源。

【思考】团队、品牌、资质与企业资产负债表反映

企业的团队是人力资源，也是企业的一种资源，但资产负债表无法反映，因其价值很难衡量。报表只反映真金白银买来的资源。

企业的品牌也是资源，但是这个品牌值多少钱不好说，可以评估，评估出来的价值也不能立即变现。比如，可口可乐，品牌价值600亿美元，但是并不是实际交易的价格。品牌依附于一个企业、一些产品。单独拿出来，价值不好衡量。

资产是企业控制的资源。有些国家免费赋予的资质也是资源。比如，互联网第三方支付平台支付宝、微信，其牌照的市场价值可能达到10亿元。保险企业的保险业务牌照，价值也很高。但是，这些牌照的价值，如果不交易的

话，在资产负债表上就体现不出来，因为它不是花钱买的，这种资源是国家赋予的，没办法计量价值。当然，在出售企业的时候，这种资源的价值还是要考虑的。

负债就是企业欠的钱，权益就是股东投的钱和赚的钱。

资产负债表的左边是企业控制的资源，包括钱、货、设备、厂房；右边是企业的欠条，还包括老板自己的钱。老板自己的钱、企业借的钱，都是企业控制的钱。当然借的钱越多，企业控制的钱就越多，企业控制的资源就越多，能做的事就可能越大。如果一家企业，老板自己投入的钱很少，借了很多钱，那企业控制的钱也多，但是借的钱太多，万一借不到钱了就会很麻烦。

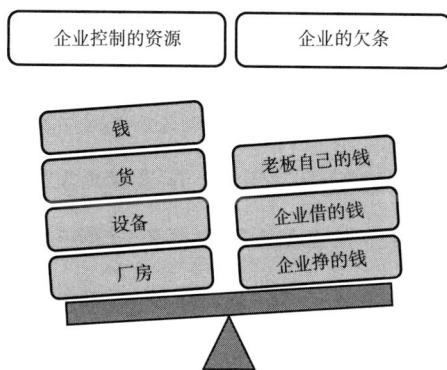

企业控制的资源 | 企业的欠条
钱、货、设备、厂房 | 老板自己的钱、企业借的钱、企业挣的钱

一家企业有企业的资产负债表，一个家庭有家庭的资产负债表，一个国家也有国家的资产负债表。国家有企业、政府机构、学校、军队，这些都是资产；国家也有负债，叫作国债，国家自己的钱都是征税得来的。我们看一下，资产负债表如何表明一家企业的实力。

【从资产负债表看实力较量】

假如有两个家庭，一号家庭、二号家庭。一号家庭控制的资源有5000万元，二号家庭控制的资源有200万元。哪个家庭有实力？那肯定是控制5000万元资源的一号家庭有实力，因为它掌握的资源多，可能不止有一套房，开的车也不错。而二号家庭只有200万元资源，如果是在北上广深这样的一线城市，最多只能买十几平方米的住房。

一号家庭比二号家庭更有实力，因为掌握的资源多。所谓有实力，就是有人愿意借钱给他。比如，在一号家庭、二号家庭之间选择一个，借给这个家庭100万元，肯定选择一号家庭，这个家庭掌握的资源多，不怕他们还不起钱，真的没钱还，随便开走一辆车就够了。而二号家庭没有那么多资源，万一还不起，只有家庭

唯一住房，都不能强制执行。

再往下看，一号家庭的5000万元从哪来的？借了4900万元，属于自己的只有100万元。二号家庭的200万元从哪来的？都是自己的。在这种情况下，再问哪个家庭更有实力，可能会有不同的答案，有人认为一号家庭有实力，有人认为二号家庭有实力。一号家庭虽然有5000万元的资源，但是借了4900万元；而二号家庭自己就有200万元。貌似二号家庭更有实力。不一定。一号家庭还款能力比二号家庭强。而且，一号家庭有5000万元的资源，未来有可能比较好。比如，一号家庭可能有三套房子，一套房子价值上涨了，就能够变现；可能持有股票，股票价格也会上涨。一号家庭有更多资源，有资源就有可能有好的未来。

一家企业掌握的资源越多，在某种程度上这家企业就越有实力，但这不是绝对的，是在某种程度上，因为还要看资源质量的好坏。比如，这5000万元资源是什么？如果是无形资产价值5000万元，那就是资源质量太差，可能没有赚钱的途径。

所以有一句古话，"瘦死的骆驼比马

大"，就是这个道理。看企业实力，别看企业的净资产。资产总额越多表明掌握的资源越多，能够控制的资源越多，话语权就越大。比如，甲企业资产总额50万元，没有负债，权益为50万元；乙企业资产总额320亿元，负债350亿元，权益是 -30亿元。甲乙这两家企业，哪家有实力？别看乙企业的权益是负的，资不抵债，那乙企业也比甲企业实力强，因为乙企业掌握着320亿元的资源，账面上的钱有可能是10亿元，而甲企业最多只有50万元。乙企业有320亿元资源，第二年就有赚10亿元的可能。甲企业只有50万元的资源，第二年赚10亿元基本没有可能。

甲乙两家企业，偿债能力也不同，如果乙企业欠一二百万元，很容易还债。而甲企业如果欠债100万元，可能砸锅卖铁都还不起。

这两家企业要找个总经理的话，年薪多少合适？甲企业估计聘请不了总经理，规模太小了，只能股东自己当总经理。乙企业要聘请总经理，可能年薪最少500万元，能够支配320亿元资源的人，身价就值500万元。所以掌握的资源多，在某种程度上代表企业有实力。

但也要考虑，负债率过高，风险就很大。甲乙两种企业类型中，还是乙企业的未来发展机会大。

资产负债表把资产进行了分类，比如资产5000万元，资产负债表会显示股票多少钱、房子多少钱、现金多少；欠4900万元，都欠谁的；股东权益100万元，是股东投入的，还是股东赚的；未分配利润怎么形成的，是赚的结果还是投资的结果。

资产按流动性分类，分为流动资产和长期资产

资产按流动性分类，分为流动资产和长期资产。

所谓流动资产，就是企业一年内能变现的资产，长期资产就是一年以上才能变现的资产。当然一年内能变现，不等于一年内真的变现，企业希望存货卖得越快越好，但是卖不掉也没办法。流动资产中流动性最好的依次是货币资金、应收票据、应收账款，最后是短期投资。企业如果没有短期投资，给老板看的报表上就不要列这个项目。应收票据、应收账款都是客户欠的钱；预付账款是供

应商欠的钱，也就是提前给供应商的钱。所以，流动资产是按照性质分类后在资产负债表上列示的。

长期资产主要包括长期投资、固定资产、无形资产，如企业投资了一个子企业，叫长期投资。当然还有其他长期资产，比如，装修房子时贴在墙上的钱，值钱吗？值钱。流动性好吗？很差。所以放在资产类别的最后，叫作长期待摊费用。

负债按照偿还期限和债权人不同，分为流动负债和长期负债

负债按照偿还期限和债权人不同，分为流动负债和长期负债。

流动负债是一年内需要还的，长期负债是一年以上才需要还的。如果一年内需要还，到时候可能没钱还也没关系，只要希望一年内还就算流动负债。流动负债按债权人分类包括：短期借款，是欠银行的；应付票据、应付账款，是欠供应商的；其他应付款，具体欠谁的看情况，一般其他应付款是金额很小的；应付职工薪酬，是欠员工的；应缴税费，是欠税务局的；可能还有预收账款，这是提前收客户

的钱。

长期负债，比如长期借款，从银行借的五年期贷款就是长期借款。还有其他长期负债，这个科目很多企业不经常用。

权益分为两类：股东投的钱和股东赚的钱

权益分为两类，一类是股东投的钱，另一类是股东赚的钱。股东投的钱包括两类：第一类，实收资本，不能拿走，拿走叫抽逃资本；第二类，资本公积。实收资本和资本公积有什么区别？实收资本，股东投的钱且在营业执照上有体现的部分，也就是注册资金；资本公积，是股东投的钱但在营业执照上没有体现的部分。这两个都不能拿走，股东投的钱，投了之后就不能拿走。比如，做一家企业需要5000万元投资，老板担心营业执照写5000万元注册资本，可能树大招风，希望营业执照上不要体现那么多，但是企业的确需要5000万元。那么，营业执照可以只体现500万元，其余4500万元怎么办？可以列为资本公积，不显示在营业执照上。

也就是说，国家允许企业把自己的实

力描述得小一些，不允许企业夸大自己的实力。一家企业注册资金500万元，其实投入了5000万元，这样债权人风险小。《中华人民共和国企业法》规定，注册新的企业实行认缴制，注册资金可以数目大一点，然后慢慢缴。这个含义是不能抽逃资金。

股东投的钱在资产负债表上被称为实收资本、资本公积。一般情况下股东投入多少，资产负债表就显示多少。

股东赚的钱也分为两类，一类叫盈余公积，另一类叫未分配利润。什么叫盈余公积？比如，甲企业今年赚了1000万元，那么这1000万元可不可以分红？可以分，但是不能全分。《中华人民共和国企业法》有这样的规定。赚了1000万元，最少要给企业留下10%用于扩大再生产、增加就业。所以，净利润的10%是企业的，不能分配给股东。

那么净利润的10%什么时候可以不留？当累积金额达到企业注册资本的50%的时候，就可以把利润全部分红，这个含义是希望企业多留点发展基金。

什么叫未分配利润？未分配利润就是可以分配而没有分配的利润。比如，甲企业今年赚了1000万元，提取了100

万元的盈余公积，剩900万元，这900万元可不可以分？可以分。但是这900万元也可以不分，可以分配而没有分配的利润就是未分配利润，在资产负债表里列出。另外，企业1季度的赢利、2季度的赢利现在能不能分？不能分。还不到分的时候，必须到年底按年算账。不能1季度的赢利分了，2季度的赢利分了，结果3季度亏损、4季度亏损，这样就会形成超额分红，是法律不允许的。一些国家可以按季度分红，但我国不允许超额分红，企业必须到年底算总账，算完总账之后再分红。

有未分配利润就有钱分吗

有些老板有疑惑，我们有未分配利润就可以分吗？但我们没有钱呀？问这样的问题，就说明不懂财务。资产等于负债加权益，资产分为货币资金、应收账款、存货、固定资产。负债也分几类，欠银行的、欠供应商的、欠员工的、欠税务局的。权益又分四类，实收资本、资本公积、盈余公积、未分配利润。

这个公式左边资产合计等于右边负债合计加权益合计，总数相等。但是，未分配利润并不等于现金。所以，有未分配利润，企业不一定有钱，这很正常。那么企业赚的钱去哪了？可能变成存货、应收账款、固定资产等。因此，累积利润一定对应资产，但对应的不一定是现金，有可能是应收账款、存货、固定资产。

那么，如果有累积利润但没钱分，股东还想分红，可不可以分？可以。只要有累积利润就可以分，但分的不一定是现金，那么分什么？可以分应收账款，客户欠企业的 100 万元应收账款，企业不要了，由股东个人去要。那如果分的不是现金，要不要缴税？当然得缴税，不分现金，分别的资产也得缴税。什么时候缴？分的时候就得缴，股东没拿到钱也得缴。那股东能用应收账款缴税吗？不可以，国家征税明确规定必须用现金。股东拿到 100 万元应收账款，必须先缴纳 20 万元现金，每个人都不愿意，所以没有企业用应收账款分红。

资产负债表其实就由两项构成，左边和右边。左边叫投资，买存货、固定资产都叫投资，客户的应收账款是对客户的投资，应收账款没有利息，是没有直接收益、只有间接收益的投资，实际上是企业给客户的无息贷款，风险非常大；右边叫融资，如果觉得融资这样的用词太专业，可以理解为资金占用，是占用钱的项目，保险柜的钱、银行的钱、库存占用的钱，客户欠的钱，都是企业被占用的钱。

一家企业做得好坏与什么有关系？两个要素，一个要素是资源，另一个要素是能力。资源 × 能力 = 结果。有些企业很有能力却没资源，所以做不大。有些企业资源很好，但是能力很低，资源用不好，结果也不好。资源和能力决定了企业的经营结果，资产负债表左边的资产是资源，品牌、渠道、产品都是资源，企业最重要的两项资源，就是人和钱。一家企业效率高低取决于这两项资源使用的效率高低。所以，所有资源都得用在刀刃上，让人的效率高、钱的效率高。怎样是资产负债表左边资金占用效率低，比如应收账款太多就是低效占用企业的资金。

做企业最基本的层面，就是企业运转的周期。做企业、做产品，通过业务流的运转达到现金的增值。第一个关键节点是买材料。第二个关键节点是把材料变成产品。材料和产品都是存货。第三个关键节点是销售。产品销售了就是结束吗？没

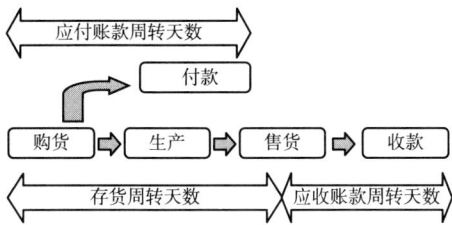

有，还有一个关键节点是收款。

从买材料、做成产品卖出去到把钱收回来，这是企业的营运周期，这个周期越长，企业的效率就越低。企业应该缩短这个周期，因为在这个周期中企业需要垫资。买材料之后要付款，需要流动资金，这就是垫资，一直垫到把销售货款收回来。这段时间的就是企业营运资金的周期，营运资金英文是 Working Capital，简称 WC。营运资金的周期长短体现企业资金使用效率的高低，周期越长效率就越低，所以应该缩短这个周期。营运资金的周期等于存货周转的天数加上应收账款周转的天数减去应付账款周转的天数。存货周转的天数越多，应收账款的天数越多，周期就越长；应收账款规模越大、账期越长，企业营运资金的周期就越长。

应收账款的账期越长，企业需要垫资的时间就越长，对流动资金的需求金额就会越大，企业的投资回报率就越低。

资产负债表左边是投资，即资金占用，老板一定要考虑钱得花在刀刃上。资产负债表右边是融资，即资金来源，显示企业的钱从哪来，有来自银行的、供应商的、员工的、税务局的，还有股东投的和股东赚的。

资产负债表是个结果报表，是某一时点的结果，它说明的不是过程。所以左边显示钱花在哪里（资金占用），右边显示钱从哪里来（资金来源）。明白了这个道理，就知道资产负债表是一个关于钱的静态结果。

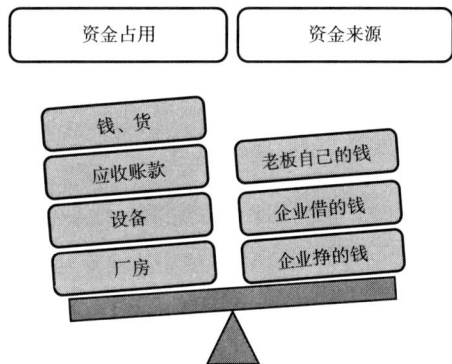

明白资产负债表列明了资金占用和资金来源，下面来学习如何看懂资产负债表。看懂资产负债表需要分四步。

第一步看左边，看钱花在哪儿了。

第二步看钱花的地方是不是合理，不合理就会降低企业的资金效率。

资产负债表分四步看

1. 钱花哪儿了
2. 钱花的是否合理
3. 钱从哪儿来
4. 钱的来源渠道是否匹配

第三步看右边，看钱从哪儿来，来的渠道不同，差别很明显，一部分钱是需要还的，如欠银行的钱、欠供应商的钱、欠员工的钱、欠税务局的钱；另一部分钱是不需要还的，如欠股东的钱。

第四步看钱的来源渠道是否匹配。这指的是需要还的钱和不需要还的钱两部分的比例情况，用专业的说法叫资本结构。什么样的结构合理，这和行业有关系。

【思考】做企业一定要流动资金吗？

有人说做企业一定需要流动资金，那不一定。比如，国美存货的周转天数是零，因为国美店里的存货不是国美的，是厂家铺的货；国美的应收账款的周转天数是零，因为消费者在国美买东西没有赊账的，得先交钱才能提货。但是国美应付账款的周转天数是90天，每批货在国美卖出后，国美要过90天才给供应商付款。

国美的存货周转天数是零，应收账款周转天数是零，应付账款周转天数是90天，那么国美的营运资金周期是负90天。负90天的意思就是国美占用别人的资金90天。所以国美不需要流动资金，企业的运营会产生很多钱，90天是3个月，如果第一个月销售额100亿元，暂时不用还供应商的钱；第二个月销售额又达到100亿元，第三个月还是100亿元，3个月就攒了300亿元，第四个月又销售100亿元，还供应商100亿元……那么就一直有300亿元在国美的手里。持有300亿元，卖电器不赚钱也不怕，存银行能得到5%的利息，一年什么也不用干，赚15亿元。卖产品也许不赚钱，但持有的钱能赚钱。国美的经营运用了和银行赚钱类似的原理，所以国美虽然不是金融企业，但类似金融企业，这类企业叫类金融企业。企业的营运资金周期是负的，就被称为类金融企业。

类金融企业欠供应商的钱可以多点。但如果不是类金融企业，欠的钱比例太高，风险就会很大，只要有债权人挤兑，资金链很容易断裂。

很多企业会出现不需要还的钱不能覆盖固定资产投入的情况，也就是要占用流动资金才能完成固定资产投资，这本身就是一个不合理的资本结构。如果是重资产企业，不需要还的钱最好能覆盖固定资产投资，这被认为是相对安全的。一般的企业，合理的资本结构大约是 1∶1，就是自己有 1 元，再借 1 元，杠杆不能太高。负债 1 元，权益 1 元，一共有 2 元，企业的财务杠杆就是 2；如果负债增加到 2 元，一共有 3 元，企业的财务杠杆就是 3；如果负债增加到 3 元，一共有 4 元，企业的财务杠杆就是 4；如果负债为 9 元，一共有 10 元，企业的财务杠杆就是 10。财务杠杆是 10，类似十个锅配一个盖；财务杠杆是 2，类似两个锅配一个盖。

所以要看钱从哪里来、来源渠道是否匹配，衡量企业的杠杆高还是不高。中央一直提倡"三去一降一补"的政策，"三去"就是"去杠杆""去库存""去产能"，"一降"是"降成本"，"一补"是"补短板"。企业的管理就是短板。

如果企业杠杆太高，就要想办法"去杠杆"。杠杆高，虽然企业撬动的资源多，但风险太大。很多企业就是无法覆盖这种风险而失败的。企业从银行贷款，曾经可以借新还旧，近几年银行要求企业先还旧债才能借新债，于是企业就四处筹钱，流动资金不够还款就找小贷企业，借过桥资金还给银行，还清贷款后希望银行审批新的贷款，再去还过桥资金。结果银行不批贷款了，于是企业就经营不下去了。

为什么类金融企业可以高杠杆经营？类金融企业的杠杆可以高达 6，原因在于类金融企业欠的是供应商的钱，供应商相对于类金融企业是弱势的一方。如果企业欠的主要是银行的钱，杠杆太高，银行不再贷款，企业资金链就会断。

企业常见的不合理花钱
1. 应收账款
2. 存货
3. 固定资产

中国企业常见的花钱不合理的项目有三个。花钱不合理的第一个项目是应收账款。很多老板说"我们这个行业不轧账就根本没法玩"。所以越轧越多，企业被应收账款拖累。因为老板害怕流失客户，希望维护关系，认为客户关系是做生意非常重要的条件，并且企业对应收账款缺乏管理，合同也不约定还款时限。但当企业规模扩大到一定程度的时候，光考虑维护关系是无法保证持续运转的。

【案例】应收账款

长财咨询在江苏徐州有一个客户，感觉从头到尾忙一年，账面利润显示是赚钱的，但就是永远没钱，想扩大生产没钱，老板都没有兴趣做这家企业了。这位老板希望通过学习长财咨询的课程找到收回应收账款的方法。但是，这家企业的应收账款已经是坏账了，不是听长财咨询的课就能收回来的。问题在于为什么这家企业形成那么多坏账？这个老板说该企业所在的行业不轧账不行。相同的行业，不同的企业，应收账款管得好和管得不好的结果一定不一样，企业管理者必须进行正确的判断和选择。

花钱不合理的第二个项目是存货。如果应收账款的不合理存在外部因素、市场因素和客户因素，那么，企业在存货上花钱花得太多，只和企业自己的管理团队有关系。存货是打了捆的钞票扔在库房里，没有收益，还得租库房保存。一家生产企业的管理水平看企业的存货就知道。很多行业存货管不好，根本不可能赚钱。如果企业的管理团队水平比较差，配合不默契，各扫门前雪，最后的结果一定是存货金额比较大，而且责任无人承担。采购部门说"我不断货"，生产部门保证"你要卖我就有"，销售部门就更无责任了，拍胸脯说"下个月卖500万"，结果100万元都没卖掉。

【案例】存货与企业赢利

服装企业的存货管理不好一定不赚钱；汽车4S店也是如此，尤其是国产车，一辆车赚不了1000元，如果一批车剩下两辆卖不出去，过一段时间就没人过问了，一批车赚的钱都抵不过两辆库存车的本钱。所以有些企业说"我们经营情况还不错，利润还很好"，但其实企业的亏损无法计算，因为存货在账面上虽然显示价值3000万元，实际上连2000万元都不值，成为"潜亏"。做家具的，仓库里摆的全是家具，卖不掉；做服装的，库存服装还不如面料值钱。

长财咨询有一个在北京做服装的客户说，"刘老师，我们那有一款服装七年都卖不完"。服装如果三个月卖不掉，就应该全部清仓，得考虑存货的损失。判断管理团队的管理水平，存货管理是一个重要的标准。

花钱不合理的第三个项目是固定资

产。如果说应收账款、存货管理存在问题是管理团队的责任，那么企业在固定资产上花钱不合理，就可能就是老板的问题。因为一家企业投资固定资产的决策权在董事会，总经理没有这个权力。有很多企业，固定资产投资明显是不合理的。长财咨询统计过，几乎所有倒闭的企业都有豪华办公楼、豪车。中国很多老板办公室的豪华程度绝对超过"世界500强"CEO的办公室，因为这些老板生活和生意不分。生活里老板喜欢奢侈，把生活的态度用到生意上，导致不该花的钱也花了，办公室金碧辉煌，根本不产生价值，只占用现金。

老板们要清楚，做企业要有超前思维，这种超前不是指企业的固定资产投资。有些老板说，"刘老师，我们既然搬家了，为什么不一步到位"。企业固定资产投资有一步到位的说法吗？企业固定资产投资要超前，但是不能过度超前。老板们喜欢买房置地，这很容易理解。但是，买房置地事实上不符合做企业的规律。中国的老板买房，其实是存在一定投机心理的，希望房地产升值，但房地产不是必然会升值。对企业来说，投资就是投资。很多外企，不要说办公用的豪华汽车，就连

复印机都是租的。企业只把钱用在经营上，用于扩大企业的经营规模。相同的钱用在不同的项目上就会产生不同结果。比如，甲企业用5000万元买房地产，那么就不能用这些钱获得经营收入；而乙企业用5000万元租厂房，一年获得5亿元的经营收入。甲企业的资金使用效率太低，固定资产明显是花钱不合理的地方。

【案例】企业装修

长财咨询在浙江有个客户，上过刘国东老师的"财务通"课程，突然有一天这个老板请刘老师参观他的企业。刘国东老师来到企业，看到豪华的大门就感到非常震惊。大门修得太好了，让人觉得一家企业有这样的大门，没有10亿元的收入是绝对不可能的。所以刘国东老师见到老板迫不及待地问："你们企业有多大规模啊？"

老板说"3000万元"。刘国东老师都以为老板理解错了。对老板强调说，"不，我说的不是利润，是收入"。老板说，"刘老师，就是收入"。这个老板说，"刘老师，我们现在买材料的钱都没有了，厂房都抵押出去了，现在我们要开工，听说你们可以帮我们融资，你们

也投资，能不能给我们投点钱，我们出让些股份"。刘国东老师告诉他，"对不起，不用分析也不用调查，现在就告诉你，我不投"。为什么？这家企业的钱明显用错了地方。

很多企业搬家之后经营不下去，不说决策做错了，说风水不好。这个"风水不好"背后是有财务逻辑的。搬家之前有3000万元收入，300万元利润，搬家大兴土木，就算是有5000万元收入都会亏损，因为固定成本急剧上升，资金全部用在错误的地方。

有很多企业家经营企业很多年，也赚了很多钱，感觉养老已经足够了，那为什么还要继续？如果这些老板把企业关掉去享受生活，可能会觉得更没意思。人必须有斗志，活得有精气神。企业家处理好三个关系方为圆满。

第一，经营好自我。要影响更多的人，成就更多的人，给更多的人带来正能量。老板做到一定程度的时候，如果用传统思维考虑，把企业关掉是最好的选择，为什么还要继续做企业？两个字——"责任"。成功还是不成功，判断标准就是成就的人多还是少。

第二，经营好家庭，怎么把自己的孩子教育好，怎么把婚姻经营好。自己的成长速度一定要超过父母老去的速度，让父母老有所养；要努力成为孩子的榜样；要成为配偶一生无悔的选择。

第三，经营好事业。要提升自己的格局，提升自己的责任感。

企业家一生还要处理好三个关系，否则就可能陷入迷茫，找不到方向，失去生活的动力。没钱的时候为了赚钱而有动力，有钱的时候可能就会失去动力。

第一个关系，人和事的关系。一定要尊重自己所做的事，遵循做事的规律，通过做事赢得尊重。第二个关系，人和人的关系。这也是人和社会的关系。东方文化和西方文化的本质区别在于西方文化中法大于情，东方文化中情大于法。所以中国人有时候会忽视规则，做事要靠找关系，这样好吗？不好，会让我们的生活变得非常累、非常复杂。孩子上学得找关系，看病得找关系，好多正常的事都得找关系。中国人无论有钱者还是无钱者都心中充满焦虑，因为关系太复杂。第三个关系，人和神的关系。这是更高层面的心灵自由。

人的一生做好三件事，处理好三个

关系，方为圆满。圆满了，企业家的斗志就有源头，内心充满责任感，对社会、员工、家庭的责任感逼着企业家往前走。

很多老板如果理性思考，可能就会把企业关掉。累得不行了，为什么那么累还得坚持着，是想赚钱吗？有的老板赚钱都赚烦了，不想赚这样的钱，但为什么还要坚持？没有办法，责任卸不掉，只能坚持。

所以做企业老板最重要的首先是胆识，其次是见识，最后才是知识。当然知识体系不够、见识不够，就不会有胆识。当老板的知识体系健全之后，见识和胆识就会增强，三者相辅相成。

资产负债表是企业的投融资报表，左边投资，右边融资。左边告诉我们钱花在哪儿了，右边告诉我们钱从哪里来的。更重要的还要看钱花的地方是不是合理，合理就是有效率。然后判断钱从哪来，来自哪几个渠道，哪些需要还，哪些不需要还。钱的来源渠道是否匹配，判断需要还的和不需要还的占的比例是多少。

企业如果杠杆过高，就要去杠杆；如果存货太多，就要去库存。老板给出明确的指示，管理层就知道企业的方向了。老板的作用就是掌握方向，而要能够掌握方向，就必须看明白企业经营的问题。

内部投资评价指标

怎么去评价一个投资是好是坏，要用指标。投资评价指标有两个，第一个指标叫投资回报率，和买股票一样，股票软件会显示投资回报率是多少，企业投资也要算投资回报率。

有两种老板，一种老板叫企业家，企业家把企业当孩子养，从来不考虑投资回报；另一种老板叫资本家，资本家把企业当猪养，合适买就买，合适卖就卖。做企业有两条路，第一条路是自己成为豪门，挤入行业的第一梯队；第二条路是嫁入豪门，被第一梯队的企业收购。否则不上不下，没有规模优势，企业发展就会举步维艰。有些时候，把企业卖掉是最好的出路，因为已经错过了最好的发展时机，在行业里达不到第一梯队。

确定一个企业该继续做还是卖掉，要看投资回报率。办企业也是一种投资，必

> **投资评价指标有两个：投资回报率与经济增加值**

须清楚地知道投资回报率是多少。很多企业根本就没有存在的必要，因为一直以来投资回报率都很低，未来能不能变高也不知道，投资回报率低到还不如把钱存到银行赚利息，银行理财产品的投资回报率还有 5%~6%，这种企业就没有存在的价值。

投资回报率的计算公式如下。

$$投资回报率 = \frac{利润}{权益} \times 100\%$$

权益就是投资的钱，包括赚的留存在企业没有分给股东的钱。公式里的权益不等于最初的投资。因为权益是在不停变化的。例如，投资给企业 1000 万元，今年利润是 200 万元，那么，投资回报率就是 20%。那么，如果明年的利润是 300 万元，那明年的投资回报率是多少？不是30%，而是应该用 300 万元除以 1200 万元，是 25%，因为今年赚的 200 万元没有被股东拿走，相当于股东又追加投资200 万元。所以，实际投入的资金是在不停变化的，不能用最初的投资金额来计算投资回报率，而应该用权益来计算。

投资回报率这个指标，也有一定的局限性。它只适用于同行业的企业比较或者同一家企业不同年度的比较，不适合用来比较两家不同行业的企业。

【案例】不同企业的投资回报率

投资 A 企业，投资回报率是 500%；投资 B 企业，投资回报率是 50%，哪个好？

直觉是投资 A 好，因为 A 赚钱多，用 100 万元赚 500 万元，B 企业投 100 万元只能赚 50 万元。但这两个不能简单地比，因为这两家企业不一定是同一个行业。投资 A 企业有 500% 的回报，可能 A企业是卖白粉的，投资 B 企业只有 50%的回报，可能 B 企业卖的是面粉。

所以，投资回报率高不一定就好。行业不一样，风险不一样。投资回报率只能同行业对比，不要认为投资回报率高达500% 就好，这个团队就管理得好，如果卖白粉的行业平均投资回报率是 1000%，做到 500% 的投资回报率，只能说明这个经营管理团队太差了。而卖面粉的行业平均投资回报率才 15%，如果 B 企业能做到50%，那就是这个团队做得太好了。

投资回报率指标的局限：未能考虑投资风险

所以投资回报率这个指标具有局限性，投资的风险未能考虑在内。我们可以参考一下股票投资的情况，不要听某个人说他炒股票赚了很多钱，这个不重要，重要的是买股票的时候首先考虑的因素是什么？是收益还是风险？把风险和收益换一个顺序，结果将大相径庭。投资的首要原则就是先风险后收益，什么叫先风险后收益？就是无论如何不能亏钱。先考虑控制风险，在风险可控的情况下获得收益。所以，一项投资，如果仅仅看投资回报率，就会导致投资人先考虑收益，不管风险，在这种情况下，投资回报率无论有多高都是没有意义的。这就是投资回报率这个指标的局限性。

每家企业都要知道自己的投资回报率，并向股东汇报投资回报率。投资回报率是董事长评价总经理最重要的指标。判断总经理水平高低、经营管理团队好坏，投资回报率是评价标准。投资回报率的内涵就是董事长给总经理多少钱，而总经理给董事长赚了多少钱。

为了克服用投资回报率评价投资存在的局限性，就要引入投资评价的第二个指标。这个指标是目前全世界评价投资的最前沿指标，也是最先进的指标，叫经济增加值（EVA）。这个指标没有局限性，可以适用于对所有企业的评价，也可以用来评价企业管理团队的水平。

经济增加值这个指标，一般来说老板不用学会怎么算，算这个指标比较麻烦，需要花钱买数据，因为必须由专业机构提供数据。所以我们对经济增加值这个指标进行了简化，简化后的经济增加值计算公式为：

简化经济增加值（SEVA）= 投资回报率 - 行业平均投资回报率

要想获得投资回报率有很多方式，不一定要做企业。就某家企业而言，如果投资回报率超过行业平均水平，则这家企业的管理团队水平就比平均水平高。如果这个行业整体上是亏损的，那么，只要能够把企业亏损做得比行业平均亏损少一点，那管理团队也是不错的。

【案例】集团内不同业务企业经营能力比较

一家集团企业下有房地产企业、传统制造业企业、酒店企业。房地产企业的投资回报率是25%，传统制造业企业投资回报率是 20%，酒店企业的投资回报率是 15%。如果简单用投资回报率来衡量这三家企业的管理团队业绩，房地产企业赚得最多。但是，这并不代表房地产企业的总经理及其团队水平更高，应该拿更多的奖金。如果这样，就失去了公允。

因为房地产企业赚的钱多，是以企业承担更高的风险为代价的，并不代表其经营管理水平更高。这家房地产企业也是一样，能够有比制造业企业、酒店企业更高的投资回报率，正是因为它在这个行业，而不是这家企业的经营管理团队水平高，所以，给这个团队更多的奖金也不一定合理。

如果用简化经济增加值这个指标计算，经过考察得到房地产行业的平均投资回报率为 30%、传统制造业平均投资回报率为 20%、酒店行业平均投资回报率为 12%，算一下房地产企业的简化经济增加值，为 −5%，传统制造业企业的简化经济增加值为 0，酒店企业的简化经济增加值为 3%。

这样看来，房地产企业连行业平均水平都达不到，传统制造业企业与行业平均水平刚好持平，而酒店企业的投资回报率高于行业平均水平。所以酒店企业的经营管理团队做得最好。而房地产企业的投资回报率 25%，在三家企业中是最高的，但是其实表现最差。

经济增加值是现在最前沿的用来评价投资的指标。国资委评价央企就用这个指标，以前用投资回报率评价导致很多问题，后来改用经济增加值之后，使得很多央企开始退出房地产。因为原来用投资回报率评价，只要投资回报率高，排名就在前面，所以很多央企都进入高风险行业；后来用经济增加值评价，虽然央企搞房地产赚钱更多，但不等于就做得好，央企只要把主业干好，获得较高的经济增加值，同样可以排名靠前。

3.4 企业估值

需要企业估值的情况

第一种情况，企业要出让股份，吸收新的股东。企业缺钱，要融资。投资人投资存在两个问题：给多少钱？占多少股份？企业原来投资 1000 万元，老股东现在持有 100% 的股份。投资人追加投资 1000 万元，是不是给投资人 50% 的股份？肯定不行。如果不是给 50% 股份，那给多少？这就得对现在的企业进行价格的估计。如果给投资人 10% 的股份，对现在的企业的估值是 1 亿元；如果只给投资人 5% 股份的话，说明对现在的企业的估值是 2 亿元。

第二种情况，企业转让，就是把企业彻底卖掉，不是吸收新的股东。现在买卖企业的老板很多，长财咨询就有很多这样的客户。有些人是第一代创业者，六七十岁了还在干企业，一生的精力都花在企业上了，看不惯下一代接班人。这种情况太多了，第二代如果从小在国外受教育，也许还不愿意接班，老板又不能把企业关了，只好卖了。

有些企业好卖、有些企业不好卖。如果要卖的企业属于热门行业，当然好卖，估值也会高一些。传统行业也能卖，只不过估值偏低。

有些企业"嫁入豪门"也是一个不错的选择。当然企业的管理层全部收购股权，创业者完全退出，也是种可能。

企业奶牛论

什么因素影响企业的价格？有一个类比理论，叫企业奶牛论。其实一家企业值多少钱，就跟一头奶牛值多少钱一样。奶牛好估值还是肉牛好估值？当然肉牛好估值，肉牛很简单，在秤上一称，多少钱就算出来了。奶牛不好估值，为啥呢？奶牛的价值是奶的产量乘以奶的价格，但是奶牛产多少奶不好说，这涉及未来的持续性，与体重没有直接关系，不是一个简单的数学题。

企业家在看到这个理论的时候要想一想，自己的企业是肉牛还是奶牛。在目前的市场中，大部分企业是肉牛，根本就谈不上估值。为什么呢？因为那些企业风险太大，没人买。

一家企业是肉牛还是奶牛，它的历史是很关键的。如果企业历史是阳光的，企业就可能是奶牛；如果企业的历史是见不得人的，那就是一头肉牛。肉牛怎么估值？就是企业有多少资产，评估一下多少钱，欠别人多少钱，把企业能换钱的资产所卖的钱减去欠别人的钱，剩下的就是企业的价值。这样的企业即使有品牌，也不能再用，其资质也依附于企业主体，都作废了。因此，企业做来做去做成肉牛，是很悲哀的事情。企业家应该把企业做成奶牛，可能这成本比较高，甚至在这个过程中不能赚很多钱。但是别忘了，奶牛本身的价值比这个过程赚的钱还要多。如果让企业由奶牛变成肉牛，一时能多赚2亿元，但要知道，奶牛比肉牛多的价值可能不止2亿元。所以这样算账的话，可能那样做未必是精明的。

【案例】企业估值

长财咨询有一个浙江的客户，是做建筑业资质培训的，因为建筑企业需要证书来维持业务资质，所以资质证书很值钱，证书的考试非常火爆。这家企业做得特别火，和长财咨询第一次接触是在2013年初，那会儿一年有1000多万元收入，到2015年春节的时候，收入有1.5亿元，利润相当可观。

适逢2015年股票市场很火爆，很多上市企业都有100倍的市盈率，到处找企业并购。一家上市企业发现浙江的这家企业是做教育的，行业不错，就想收购，直接开价10亿元。花3年时间做一家企业能卖10亿元，还是可以的。

老板开始纠结卖还是不卖？拿不准主意。犹豫很久，向刘国东老师请教是卖掉企业还是自己独立上市。刘国东老师给

这位老板回了一条长微信，第一句话说的是："我知道，你是一个有情怀的人。"因为按照这个老板的想法，应该是想自己做好然后独立上市。刘国东老师话锋一转："但是给的价格太合适了，我的建议还是卖掉。"

后续就开始做收购方案，购买方要做尽职调查。长财咨询的咨询师一进场就发现这家企业财务非常混乱，大量不开票收入未确认。长财咨询终于帮助企业整理好财务，收购方派人做尽职调查的过程中，股市大面积跌停，收购只能暂停，一个好的机会错过了。

老板对自己的企业值多少钱，心里要有个概念。买方给10亿元，老板可能还想是不是应该更值钱？这就是完全对企业的价格没有合理的估计。事实上，现在这家企业别说10亿元，连1亿元都卖不出去了。

企业奶牛论有什么含义？一头奶牛值多少钱，跟这头奶牛有多少肉肯定有关系，得有一定肉量的奶牛才产奶。肉是产奶的基础，虽然奶牛的价格高低跟肉多少不是一对一的对等关系，但没有肉，肯定产不了奶，所以

肉是产奶的基础，只是这跟产奶量之间关系不够直接。

所以，资产负债表中的权益，就相当于奶牛的肉。两头牛，肉量相同，价格不一定相同，因为产奶量不同。利润表中的净利润相当于奶牛的产奶量。两头牛，肉量相同，产奶量相同，价格也不一定相同，因为奶的质量不同。有些企业利润虽然很多，但是利润质量太差。什么叫利润的质量太差？就是有利润但没现金。

企业铁三角：
收入、利润、现金

企业怎样算健康？企业的收入、利润、现金构成的三角形是个正三角形，这是健康的状态，否则就不健康。第一种情况，有些企业有收入，没有利润，有一些现金，属于类金融企业，客户不轧账；第二种情况，有些企业利润还不少，现金也挺多，产品价格卖得高，也不扎账，客户不满意，肯定市场份额小、收入少，这也不健康；第三种情况，有些企业收入很多，利润不多，现金不多，也不是很健康，但是还凑合。

【案例】利润质量

A企业收入6亿元，应收账款6亿元。B企业收入6000万元，应收账款0元。哪家企业更健康？肯定是B企业更健康。因为虽然A企业有6亿元的收入，但全是轧账，利润肯定很多。那么A企业的三角形中收入很多，利润也不错，但是现金很少，所以A企业的利润质量太差，有利润没钱，企业不值钱。

B企业虽然收入6000万元，比A企业少，但是应收账款为0元，也就是把钱都收回来了。那B企业收入虽然没A企业多，但收入、利润、现金这三个要素是很平衡的。

所以，企业玩来玩去，老板的角色、业务、定价、战略，都跟三角形有关系，把这一点想明白，就会发现，做企业就是玩三角形。要看企业到底要什么。要收入，不要利润，这是一种战略，就是降

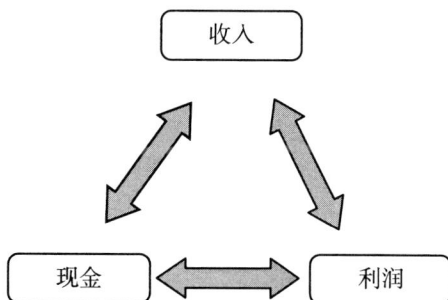

价，打击竞争对手，给账期，抢市场份额，抢了市场份额，拿到话语权之后，再涨价赚钱。有些企业没有那么多钱，就得赚钱，要现金，份额小点就小点，慢慢等着机会再抢份额，这是另一种战略。战略形成的模式有很多种。

利润表中的净利润相当于奶牛的产奶量，两头牛产奶量相同，价格也不一定相同，因为奶的质量不同。有利润、没现金的企业是最累人的。现金流量表中经营活动净现金流量相当于奶的质量，因为现金就是利润的含金量。有些企业没利润但有现金，国美就这样的。

【案例】国美的现金流

国美获得100亿元收入，利润是零，但国美有钱，为什么？因为卖了100亿元，收了100亿元现金，而成本100亿元，只花了5亿元的现金，其他都在账上，所以，这个月虽然利润是零，但是现金增加了95亿元。下个月也一样增加95亿元……所以像国美这种企业，利润率比较低，但是现金很多，所以相对来说估值较高，这就是渠道为王。

两头奶牛重量、产奶量、奶的质量都相同，价格不一定相同，为什么？一头奶牛都10岁了，另一头奶牛刚2岁，这两头牛未来产奶的持续性不一样，寿命不同，得病的风险不同。当然年轻的能活得更久的奶牛，价格更高。

影响企业价格的因素

第一个因素，资产规模和质量。资产质量、资产规模就相当于奶牛的肉的情况，规模很重要。

第二个因素，赢利模式和规模。如果赢利只来源于一个大客户，或只来源于老板的关系，这家企业谈不上估值，没人敢要，也卖不掉，因为它不独立，只能靠关系挣点钱。

第三个因素，商业模式。一个好的商业模式也会提高企业的估值，例如，餐饮企业，采用传统商业模式靠卖菜挣钱的餐饮企业，与采用新模式靠总部管

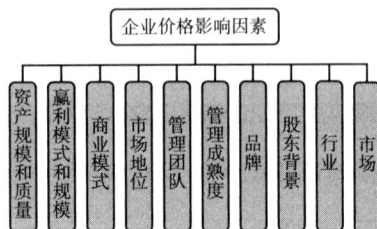

企业价格影响因素：资产规模和质量、赢利模式和规模、商业模式、市场地位、管理团队、管理成熟度、品牌、股东背景、行业、市场

理、复制扩张挣钱的餐饮企业估值不一样，把价格提高百分之几十很正常。但是不能过度迷恋商业模式，要记住，商业模式创新只能让企业获得先发优势，不可能成为企业的核心竞争力。原因是商业模式太容易被复制了。一种创新的商业模式被验证有效后，自然有更强大的竞争对手模仿，投入更多的资源，就很可能把客户抢走。企业的商业模式被别人模仿，就有可能被超越，先驱就有可能成为先烈。

第四个因素，市场地位。一家企业如果是行业龙头，有话语权，估值就高。

第五个因素，管理团队。企业的团队优秀，那企业的估值就高，因为投资人买一家企业，如果看好团队，就愿意出高价。

第六个因素，管理成熟度。这是很多企业最大的问题，管理成熟度太低。什么叫管理成熟度太低？就是靠人治，企业离不开人，而且离不开特定的人，不管离不开的这个人是谁。一家企业的管理中出现了一个不可替代的人，而且是特定的人，这是企业管理最大的失败。俗话说"铁打的营盘，流水的兵"。某个人不可替代了，企业也很难长久活

下去，哪怕这个人是老板都不行。如果老板一走，企业就转不动，那其他投资人买这家企业没有什么用，风险太大。如果投资人非要买的话，价格肯定压得很低，甚至会买一部分股份，让原来的老板继续做总经理，然后经过几年改造之后，再把原来的老板踢出去。越离得开人的企业越值钱，如果一家企业的老板说"我一年休假两次，一次三个月，然后偶尔去一下企业"。这样的企业比较值钱，因为离得开老板照样运转。

第七个因素，品牌。品牌知名度高，当然企业的价格就高，因为有品牌的溢价，尤其是消费类产品。经营消费类产品的企业，有没有品牌估值差距很大。

【案例】品牌价值

长财咨询有一个客户叫卫龙，主要产品是辣条。很多长财咨询的业务员一看到这家企业，就会说："哇，卫龙啊！"刘国东老师很奇怪："卫龙，咋了？"业务员都说："我们从小吃这个长大的。"就这一句话，让刘国东老师认识到了"卫龙"品牌的价值。这就是品牌的力量。"我从小吃这个长大的"，这一句话就表明消费者对

"卫龙"的产品已经产生身体的记忆，条件反射。这种企业只要不出现大的食品安全问题，不努力搞营销都没关系，它的销售额也能够不断往上走。

最厉害的品牌，就是让消费者、客户产生深层记忆。不是非得高科技才值钱，有品牌价值的企业也很值钱。品牌不要狭义地理解成商标，商标如何设计，并没有想象的那么重要，不是 logo 成就一家企业，而是企业成就一个 logo。所以宝马蓝天白云的商标就是豪华车的代表，而国内某汽车厂商也学宝马设计蓝天白云的商标，只能被人嘲笑为模仿。宝马的商标好看，不是因为商标本身，而是商标背后的内容好。

用一个公式来表示品牌的价值，品牌 = 数量 + 质量 + 时间。很多奢侈品牌，不是质量最好的，但是之所以有品牌，是由于有数量、质量、时间的沉淀，最重要的还是时间的沉淀。对于品牌而言，时间是最重要的。任何一家企业，如果能够连续经营 200 年，品牌就知名。一家刚经营几年的企业，很难谈得上有什么品牌，有些企业太把自己的品牌当回事，做出错误的决策。企业家做企业，

企业有品牌，品牌是需要维护的。如何维护？赚钱和品牌两者选择哪个？只能选择赚钱。什么叫品牌？品牌是"富家小姐"，需要花钱养着，连钱都没有，怎么养得起品牌。所以，中低端赚钱就做中低端，高端赚钱就做高端，不要认为所谓的品牌就是高端。

第八个因素，股东背景。股东厉害，企业估值也高。股东如果是国有企业，那么企业抗风险能力就比较强。

第九个因素，行业。要看企业处于什么行业，夕阳行业和朝阳行业的企业估值不一样，夕阳行业卖不上价，没人买。什么行业好？目前，移动互联网、大健康、大教育、现代农业等行业可能估值较高。现代农业虽然赚钱很难，但前途是光明的。大健康领域里估值较高的是生物制药。当然最火的是人工智能。另外，有稀缺资源的企业，比如企业有几个全世界品质最好的矿，这样的企业估值较高。夕阳行业的企业，例如做电镀的、做电解铝的，估值会很低，因为属于去产能的对象。

第十个因素，市场。就是当前市场上的钱是多还是少，想买企业的人多还是想卖企业的人多。资本市场资金充裕的时

候，所有企业的估值都会偏高。

企业估值的方法

下面简单介绍一下估值方法，就是到底怎么给企业估值。光看对企业估值的影响因素，如果企业利润高、规模大、现金流好、管理成熟、风险低，企业价格就高，那么怎么算呢？估值方法有太多种，行业不同，发展阶段不同，可能使用的估值方法也不同，所以真正给企业估值，是要交给专业机构去做的，企业家自己只要有个概念就可以了。

第一种估值方法叫自由现金流量折现法。对企业的未来要做预测，预测之后，把企业未来产生的自由现金流量折现。这个方法很专业，企业家可能知道得越多越糊涂，这是专业机构用的专业方法。PE（私募股权投资机构）、VC（风险投资机构）给企业投资的时候，都会对被投资的企业用这个方法做一次估值。

有一些新兴行业的企业处于起步创业阶段，这个时候对企业进行估值，市盈率法不合适，因为企业产生的利润还很少；

市净率法也不合适，因为是轻资产企业，那可能要用自由现金流量折现法，看这家企业未来创造的现金流如何，这样估值才能更加准确。

第二种常用的估值方法叫市盈率法。如果是一家已经成熟的企业，有利润，那么上市或被收购时估值一般用市盈率法，企业价格 = 利润 × 市盈率。

市盈率法使用时如何确定利润

市盈率法中的利润可以使用过去的利润，也可以使用未来的利润，还可以使用三年平均利润，即去年、今年、明年三年进行平均。如果是在 2017 年中间对企业进行估值，是用 2016 年的利润还是 2017 年的利润？2017 年还没结束，可以用 2016 年的利润，也可以用 2017 年的利润。对于卖方而言，一般更希望用 2017 年的利润，因为如果企业业绩是持续增长的，那么 2017 年的利润会比 2016 年的利润多。但 2016 年是实际存在的，对于买方而言，使用可以验证的利润，风险会小一点。选择可以验证的过去年度的利润，或者未来的尚未实现的利润，市盈率会略有不同，如果市盈率

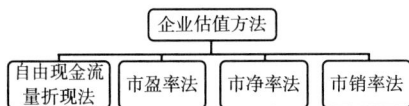
企业估值方法：自由现金流量折现法、市盈率法、市净率法、市销率法

在 12 ~ 15 倍，使用 2016 年的利润，市盈率可能是 15 倍，使用 2017 年的利润，市盈率可能是 12 倍，因为毕竟 2017 年的利润还没有实现。如果说卖方要的价格与买方出的价格差距太大，那买方和卖方可以在投资协议里设定对赌条款，卖方可以预测未来的利润，如 2017 年实现多少利润、2018 年实现多少利润。如果卖方真实现了预计的利润目标，买方就按约定的价格购买股权；如果卖方没实现预测的利润目标，卖方就要给买方补偿，降低股权的出让价格，或给买方其他补偿。

市盈率法使用时如何确定市盈率

非上市企业的市盈率跟上市企业的市盈率完全是两回事，没上市之前是"野鸡"，上市之后是"凤凰"。上市企业与非上市企业的估值是不一样的。对于非上市企业，一般情况下给 8 ~ 12 倍的市盈率应该算不低，通常情况下 10 倍，高的话可以到 15 倍。

当创业者出售企业股权，而且买方是上市企业，价格可能卖得高一点。因为买方已经是上市企业了，只要完成收购就要合并财务报表。假设按 10 倍市盈率购

买一家企业的话，上市企业在资本市场有 20 倍的市盈率，完成收购后，如果市盈率不变，上市企业的股东就赚一倍，所以上市企业通过收购赚钱是比较容易的。换句话说，一般上市企业收购一家企业，给 20 倍市盈率都是有可能的，只要看好这家企业，但是超过 20 倍的可能性不大。如果上市企业自己的市盈率有 30 倍，那么它一般可以给出 15 倍的市盈率，原因就在于买方是收购全部的股权，而且买方本身是上市企业。但正常情况下，卖企业的时候，8 ~ 12 倍的市盈率基本上就可以了。有些行业可能稍微高一点，有些行业可能低一点，如果是特别传统的行业可能更低一点，比如 6 倍。

第三种企业估值方法叫市净率法，就是企业价格是企业净资产的几倍。先看企业的净资产也就是权益是多少，例如一家企业的权益是 3000 万元，市净率是 3 倍，那这家企业就值 9000 万元。一家企业有 5000 万元利润，用市盈率法估值 5 亿元，如果企业净资产是 10 亿元，结果就是卖价还赶不上"肉价"，说明这家企业阶段性的利润没有爆发出来，如果是这样，那最惨也得想办法卖到"肉价"，所以一般市净率都大于 1。

当然现在二级市场里有很多股票市净率都是小于1的，原因在于投资者认为这些企业的潜在亏损没有在财务报表中体现出来。就像银行市净率小于1，意思就是卖掉银行得到的钱都比其股票价格高，为什么那么低？因为投资者认为银行有很多坏账没确认损失，说是资产但其实收不回来了，把那些不良资产扣除之后，银行的净资产没那么多。

第四种企业估值方法叫市销率法。用一家企业的年度销售收入，乘以一个倍数，作为企业的估值。具体乘以几倍？这个不一定，行业不同倍数不同，得看企业的利润率，有些企业的价格，是它一年销售收入的好几倍，有些企业的价格，就是它一年销售收入的百分之几十。比如中国建筑，目前明显估值偏低。中国最大的建筑企业，一年销售额大概1万亿元，它的市值才2000亿～3000亿元。也就是说企业的价格还赶不上企业一年收入的30%。所以，不是企业的收入高，估值就高，市销率有可能是几倍，也有可能是几分之几。

可能有人觉得，按照上面可供参考的各种方法算出的结果差太多了，确实如此，因为企业不好定价，所以对一家企业，不同的人给出的估值差异大。也就是说，一家企业的股权多卖几千万元，少卖几千万元，这太正常了，任何因素都有可能导致差距。所以有些老板把企业卖掉，舍不得花钱请专业机构来处理，往往就因小失大。买卖企业、重组并购是非常专业的事情，合同里的陷阱很多，买卖双方都得有专业人士，如律师、会计师、咨询师等的指导。

重组并购过程中，咨询团队对于买卖双方都是非常重要的。对于卖方而言，卖企业股权之前需要给企业"化妆"，"化妆"不是很多人理解的把一筐烂水果挑挑拣拣做成一个果盘卖个高价，而是在企业卖掉之前完善其财务体系。对于卖方而言，通过完善财务体系，更了解自己的企业，卖多少钱更有底气；对于买方而言，一家财务体系完善的企业，经营业绩容易验证，接手之后也更容易进行规范化的管理。

了解企业估值，并不是说让老板准备把企业卖掉，卖掉有时候也是一种选择，该卖的时候就卖，不该卖的时候就把企业做好，自己上市也是很好的。做企业无论什么时候都不卖，那也不对，企业家得把企业当作一项投资，才能做出正确的判断。

3.5　融资

这里的融资，不仅仅包括银行融资。融资分为两类，一类叫内部融资，另一类叫外部融资。内部融资不是企业向员工集资，向员工集资也是外部融资。内部融资是靠企业自身的运转"造血"产生增量资金。企业买材料、付款、销售、再收款……就是一个营运周期又一个营运周期的叠加。做企业的本质是通过开展业务达到现金的增值，企业自身就有"造血"能力，像"滚雪球"，企业赚的钱再投入企业运营，规模越来越大。

债权融资

债权融资，常用以下这几种方式，比如抵押贷款，为什么很多企业喜欢买房和买地？因为没有房没有地，中国的银行不愿意贷款。

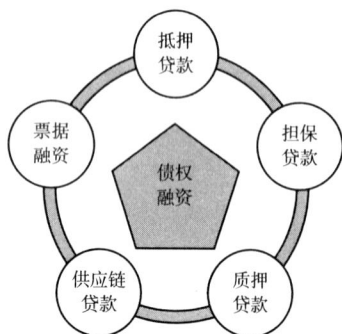

债权融资方式

债权融资包括担保贷款，担保贷款也不能随便担保，有太多的企业陷入联保的漩涡，重灾区是浙江，企业主都是朋友、叔伯、兄弟，为了面子就得联保。联保的风险不仅在于被担保人违约，而且在于被担保人又给其他人做担保。担保的链条太长，风险无法控制，可能就出现问题，企业大片倒闭。所以不要轻易给别人做担保，除非是互保没办法，如果是不了解的企业，给它担保比自己借钱风险还大。

债权融资还包括质押贷款，一般都是股权质押。如果企业在"新三板"挂牌，或者在"创业板""中小板"上市，企业的股票都是可以质押的。所以挂牌"新三板"有个好处，就是企业的股权可以质押，银行能接受。非上市企业的股权是不容易质押的，银行一般不接受。

抵押贷款中还有应收账款抵押贷款，无形资产抵押贷款。例如，北京银行给中关村的企业办理无形资产抵押贷款。企业如果有专利技术，可以到银行办理抵押贷款。

再有内保外贷，很多房地产企业做内保外贷业务，所谓"内保外贷"，就是国内的企业做担保，银行的境外分行给境外企业提供境外贷款，境外资金成本比较低，但是汇率的风险由企业承担。

此外，有些企业做票据融资，但是票据风险很大。因为做企业，只要在税的方面不出现大的问题，融资是规范的，风险就相对可控。融资要规范，不能非法集资、信用卡套现等。有所为有所不为，这就是底线。

股权融资

股权融资就是出让企业的股权，最牛的股权融资就是IPO，意思是"首次公开发行股票并上市"。有人说上市就是"圈钱"。但是，有些企业上市之前根本不差钱，那为什么上市？不要简单、狭隘地将上市理解为"圈钱"，还有很多原因。

股票上市的意义

上市为了企业管理更加规范，有这样的目标很正常。上市是为了企业的传承，因为创业者的下一代没有人愿意接班，那创业者退休之后，要么把企业卖掉，要么企业上市变成公众企业，上市企业的可持续性就会变好。这是创业者对企业负责的态度，没有把这家企业当作自己的，把它当成社会的了。企业上市，名声好一点，还有市场效应，扩大

企业的知名度。

企业想上市和企业能上市，是两个问题。想上市的企业太多了，能上市的企业没几个，企业上市是要提前做规划的。今天的决策决定了未来3~5年的结果。不是说想上市，明天就上市了。上市的原因特别多，第一个原因是能获得财富效应、市场效应、管理提升以及财务优化等。上市企业的营销人员去谈生意、签合同，心里的底气都会很足，"我们是上市企业"，说出来的感觉不一样。上市的第二个原因是上市企业几乎都会受当地政府的保护。第三个原因是上市之前，税务局会证明这家企业在税务上没什么问题。

另外，上市还有个好处，很多企业做股权激励，认为股权激励能够解决企业所有问题。实际上解决不了，为什么？给股权的那一年，员工挺高兴，干劲十足，过两年之后，又回到原点，老板会发现，股权激励好像失效了。因为股权更多时候等于故事，拿到股权不等于拿到钱，老板给了员工股权，就不分红了。时间一长，大家觉得没意思了，因为小股东无法决定是否分红、分多少。但是企业上市就能给大家机会，自己决定是否拿钱。即使企业不

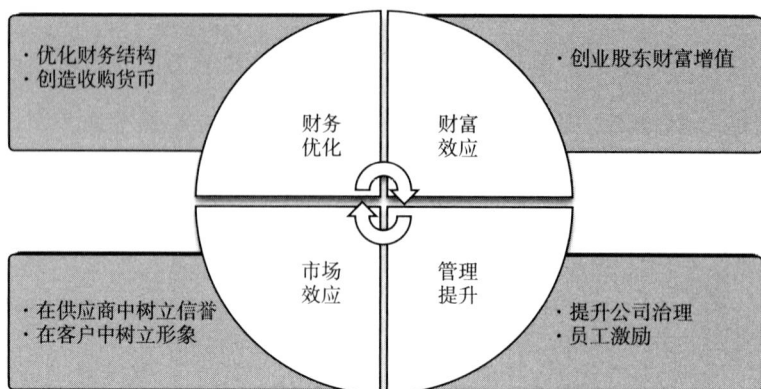

财务 优化	财富 效应
·优化财务结构 ·创造收购货币	·创业股东财富增值
市场 效应	管理 提升
·在供应商中树立信誉 ·在客户中树立形象	·提升公司治理 ·员工激励

分红，还可以直接把股权卖掉变现。

股权激励是对人的冲击，也是对人性的考验。股权不触动灵魂是没用的，不痛不痒，有些企业，分点股份，好像老板的格局很大，把自己的股份免费地给了管理层。这样做根本没用，被激励对象不重视，老板想要的结果肯定实现不了。不掏钱得到的东西没人重视，老板和被激励的对象对股权的价值感受完全不同，因此，这样的股权激励，也就不会有什么效果。但上市之前企业做股权改革，那是有激励作用的，一下就能造就很多千万富翁、亿万富翁。

上市审核的要点

企业能否上市，就看以下问题是否过关。比如企业的环保有问题，一票否决；税收有问题，以前偷过税，即使后来补上，也有问题，如果偷漏的是增值税，基本上不会过关。所以，以前年度收入没有完全体现出来，想上市的时候觉得收入不够，开始补税，把收入释放出来。最好不要这样做。

企业的业务独立性问题。什么叫独立性？就是没有大客户依赖，如果一家企业的客户只有两个，业务量各占50%，这样的企业别想上市。只要失去一个客户，企业收入就下滑50%，两个都失去就死了，这样的企业，业务不独立。当然，也有特殊情况，比如，一家企业是做军工产品的，它的客户就一个，中华人民共和国军事委员会总装备部，这也可以上市。因为虽然只有一个客户，但是这个客户跟别的客户是不一样的。再比如，做通信产品的，中国只有三家基础电信运营商，虽然只有三家客户，也是可以上市的。

资产的权属问题，企业的资产权属要清晰。企业的各项资产都要有相应的产权证明，长期资产一般要有产权证书。一般国有企业改制的企业，可能会有这方面问题。一旦启动上市进程，很可能就有人质疑改制过程是否合规，资产权属是否清晰。没有房产证、土地使用权证的厂房、土地是有毒资产，上市过程中要对有毒资产进行剥离。

想上市和能上市是两个概念，所以如何规划企业的上市之路就特别重要。当然，规划上市之路并不一定真的上市，上市之前一定要做合规改造，财务要合规，对内对外都要做到规范，所以上市有可能是提升管理水平的契机，有的时候要给团队以梦想，给团队以希望，即便离上市还很遥远，但是喊出"我们企业未来要上市"也是有意义的。

中国资本市场体系

企业上市，上哪个板块啊？这是关于中国资本市场体系的问题。第一个板块，叫主板；第二个板块，叫中小板；第三个板块，叫创业板；第四个板块，叫新三板；第五个板块，叫Q板，也叫四板。新三板、四板，都不是上市。先说一下Q板，有些企业，可能挂不了新三板，也上不了创业板、中小板，结果上了Q板。要明确，Q板不叫上市。所谓Q板，就是中国的区域股权交易中心，原来国有企业、集体企业改制，国有股份、集体股份要退出，必须要公开挂牌，其实主要是形式，真正挂牌没人去摘牌，都是谈好改制，自己的管理团队来买，定好价就可以了。所以千万不要认为上了Q板就上市了。说一家企业上了Q板，这话说完之后不是加分，而是减分，上了Q板是告诉大家这家企业其实挺差的，连新三板都上不去，只好上Q板。

企业上市最重要的一个选择是中小板，此外创业板也是一个选择，创业板是为高成长、高科技的企业服务的板块。创业板上市对利润的要求不是很高，但是对成长性要求是比较高的，就是企业的增长要快，所以创业板是有财务要求的，企业不能为了上创业板，而去做出成长性很好的样子。中国的大部分企业上市可以考虑中小板，规模相对较大的企业，也可以考虑主板。主板和中小板可以视为具有类似功能的主要板块，因为主板和中小板的上市条件没有任何区别，排队就可以了，理论上讲主板的上市企业规模大一些，中

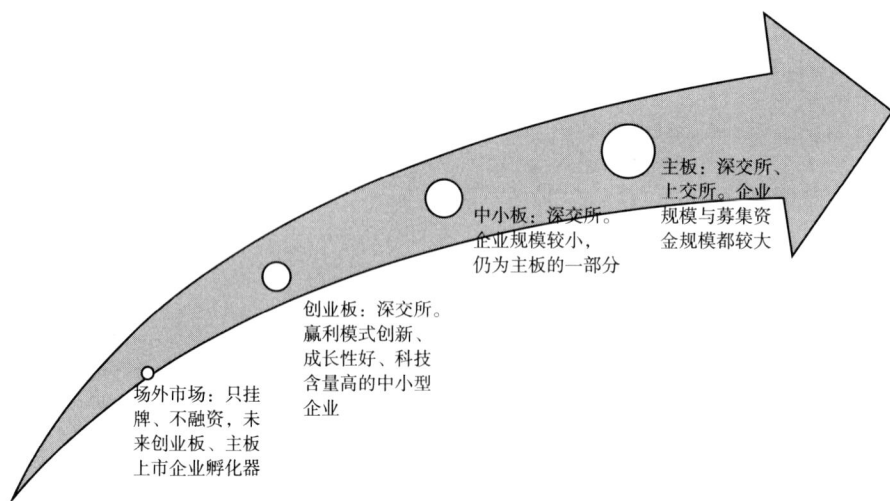

主板：深交所、上交所。企业规模与募集资金规模都较大

中小板：深交所。企业规模较小，仍为主板的一部分

创业板：深交所。赢利模式创新、成长性好、科技含量高的中小型企业

场外市场：只挂牌、不融资，未来创业板、主板上市企业孵化器

小板的企业规模小一些。但也不绝对，因为上市之前中小板的企业规模小，经过几年发展变大了，主板上市企业可能之前很大，过了几年业务萎缩了。

如果是高科技企业或成长性比较好的企业，选择创业板也没有什么问题，一般来说，创业板的估值是偏高的，这是有一定道理的，因为创业板企业一般成长性较好。但是，目前在创业板上市的企业，几乎都是已经创业成功的企业，不是真正的创业板。真正的创业板，最少 80% 的企业最终都得退下来。中国的创业板中有些企业都存续好多年了，当然相对这些企业的质量还是比较好的，"黑天鹅"事件相对少。

真正的创业板是高风险、高收益的，像美国的纳斯达克，FaceBooK、Google、苹果、微软，都是创业板的。现在只看到这几家企业多么牛，但是不知道背后有多少企业都死掉了，能生存下来的是少数。

重点说新三板，到 2017 年，新三板最火的时候已经过去了。新三板火的时候，地方政府使尽各种方法让企业上新三板。老板们听过券商、律师等中介机构的说法，也是各种理由必须要上。这种情况下，企业到底上还是不上，老板很难做理性的决策。企业得想明白之后，才能决定上还是不上。有些企业上新三板，代价太大了，根本没有考虑过整个过程，走到一半就花几千万元了，要往前走还得花钱，最后感到非常不值得。

关于新三板，有一个结论，就是"代

价合理的情况下，上比不上好"。代价就是成本。先上了再说，实在不行退下来也行，但是代价得合理。有些企业不适合上新三板，第一个原因，项目非常好，上新三板有点亏，索性等一等，直接上中小板、创业板。第二个原因，上新三板代价太大。上新三板是买一个不确定的未来，花钱太多就不值得。

在代价合理的情况下，总的来说上新三板比不上好，因为上新三板也属于加分事项，至少会强制企业管理规范化。当然也有一些企业，勉强在新三板挂牌，之后达不到新三板信息披露要求，反过来再去做财务合规改造，花的钱、时间等成本都很多。

企业上市，要按部就班地走，不能着急。有些企业着急上市，最后发现税涨上去了，上市没上去，这种情况非常多。

新三板是有优势也有劣势的。上新三板的第一个优势，企业管理提升的一个契机，企业的管理真的发生改变要按部就班地来，毕竟作为公众企业，要公布报表。如果只是找中介机构调财务报表，但是基础工作完不成，以后还是做不规范。

上新三板的第二个优势，增强企业的融资能力。上了新三板的企业，相对而言，贷款容易一些，企业的股票也可以做质押贷款。

上新三板的第三个优势，有转板的机会，直接转到中小板或者创业板。目前这个渠道虽然不通畅，但是最终是会通畅起来的。国家原来设计的原理是这样的，新三板的企业只要满足中小板、创业板的条件就可以自动上。

现在不畅通没有关系，机会是有的，未来十年将是中国资本市场的黄金十年，国家要去杠杆就必须开放资本市场。但是，中国的资本市场不成熟，存在各种各样的问题。资本市场的问题不是技术问题，而是散户太多，大部分散户都想赚快钱，没有投资，只有投机。散户一直大量存在于资本市场中，弄得股市暴涨暴跌。

上新三板的第四个优势，虽然不能公开募资，但是可以定向增发。毕竟上了新三板，定向增发更加容易，很多投资机构专门去新三板找投资标的，新三板挂牌企业可以定向增发，但相对于创业板、中小板，难度要大一点。不像在中小板、创业板，公开募集时投资者要中签才能买到股票。新三板企业不允许公开募集，企业定向增发，要先找好投资人，谈好条件，向投资者定向增发股票。

以上是新三板的优势，新三板的劣势也是很明显的。第一，不能公开募集。第二，流动性太差。原因是什么？投资新三板股票对投资者的要求比较高。如果投资者是自然人，投资者个人金融资产要在500万元以上，才有资格买卖新三板股票。这导致能够买新三板股票的人非常少，几乎只有做市商、机构、庄家在买卖新三板股票，这些机构也是投机性质的，没散户也赚不到钱，所以，机构也不愿意做，导致新三板的股票流动性很差，很多股票几乎没有任何交易，跟没挂牌差不多。如果有一天把流动性解决了，转不转板都无所谓。很简单，放宽准入条件，让更多的人参与，流动性就会提升。

目前，中国的证券交易所有两个，上交所、深交所。北京是没有交易所的，所以北京一直希望成立一个。那北京成立交易所交易什么？交易新三板股票。新三板实质上是中国真正的创业板，类似美国的纳斯达克，应该放开，因为上市太难了，以后中国的资本市场，上市应该变得非常容易，上市并不是一个多么高大上的事，企业亏损都可以上，只要财务是规范的，能够真实反映企业的情况。

现在国家帮助散户做决策，但是散户亏了钱，国家不负责。正常的情况是，上市企业告诉投资者真实的情况，投资者愿意买就买，因为高风险背后还有高收益。未来中国的资本市场，应该就是这样的，只不过还有很长一段路要走。

如果有一天，北京的交易所真的成立，新三板交易的活跃度就一定要增强。这种情况下，已经上了新三板的企业就很幸运。现在企业上新三板就是赌一把，只能得到一个不错的名声，没有多少实惠。

股票在新三板挂牌的成本

股票在新三板挂牌之前，老板要把花多少钱算清楚，这里说的成本是挂牌新三板的成本，如果在主板、创业板、中小板上市，成本更高。

第一，补税成本。有些企业要释放一些利润，释放利润可能要补一些企业所得税，当然也可以选择不补，往后延。比如2017年不算申报年度了，从2018年开始。

第二，光补税还不行，很多企业社保是有问题的。补缴社保成本很高，很多企业补社保要补很大的金额，要花几千万元。有一些企业使用劳务外包，形式上是合法的，但是道理上还是有点说不过去，会被人抨击。从法律角度上讲，可以通过这种方式降低社保成本。

第三，企业在新三板挂牌之前要做股改，有限责任企业改成股份有限企业，这个过程可能要缴个人所得税，为什么？因为有限责任企业的股东是自然人股东，税务机关将股改过程视同进行利润分配，所以要缴个人所得税。如果有限责任企业的股东是法人股东，就不需要缴税。

第四，企业股改之后，税收上升，这就是税务规范成本。地方政府推动企业上新三板，还给补贴，因为企业上了新三板之后，缴税肯定会比以前多。

第五，企业的管理成本也要上升。最简单的，企业财务团队的成本可能就会上升很多。例如，现有的财务团队，完成不了对外披露财务报告的任务，需要招聘一个能够应对的财务总监，那么多企业上新三板，这种人是比较缺的，所以财务总监工资不会太低。

可能很多老板有这样的侥幸心理，认为"我们不用那么高端的人才了，就看着整呗"，这样很不好。有些企业整个财务团队都需要升级，原来连做账都不太会做，会计准则不懂，那么就必须学习升级或者换人升级，所以，企业上新三板，管理成本要上升。财务总监、董秘这两个岗位的工资，一年大概需要 100 万元。如果上中小板、创业板，一个岗位的年薪，100 万元都不一定够。

第六，比较直接的成本是中介机构成本。主要有以下几项。

（1）财务合规改造成本。如果企业原来的财务体系是非常完善的，这个不用做了；如果企业原来的财务体系不完善，那不能让审计机构马上进场，需要企业自己先整理。审计机构，也就是会计师事务所，不会帮助企业把坏的变成好的，会计师事务所是对企业的事做评价的，不是帮企业做咨询的。会计师事务所为了提高工作效率，一般都是直接调整企业的财务报表，不会去调整产生财务报表的过程。所以企业需要自己先做财务体系的建设，做财务合规改造，把财务报表的产生过程做规范，才可能提供正确的财务报表。如果企业自己没有这样的能力，就要聘请长财咨询这样的专业机构，帮助建设财务体系。

（2）审计成本。会计师事务所要对企业的财务报表发表审计意见。

（3）律师成本。律师在企业上市过程中要出具法律意见书。

主要中介机构及其职责

保荐机构（主承销商）	会计师事务所	律师事务所
· 充当企业股票发行上市的总协调人 · 辅导工作和上市保荐工作 · 估值、制定并实施股本设计和发行方案 · 协调其他中介机构、各方的业务关系、工作步骤及工作结果 · 起草、汇总、报送全套申请文件 · 负责证监会审核反馈和沟通 · 组织承销团和股票销售 · 上市之后的持续督导	· 按国内会计准则，对企业前三年及最近一期经营业绩进行审计，以及审核企业的赢利预测 · 复核发起设立时的资产评估和验资报告 · 协助企业进行有关账目调整，使企业的财务处理符合规定 · 协助企业完善股份企业的财务会计制度、财务管理制度 · 对企业的内部控制制度进行检查，出具内控鉴证制度报告	· 协助企业修改、制定企业章程、协议及重要合同 · 对股票发行及上市的各项文件进行法律要点审查 · 起草法律意见书、律师工作报告 · 为股票发行上市提供法律咨询服务 · 对相关事项出具专业意见和判断

（4）券商成本。也就是保荐人的成本。

上面这些中介机构的成本，目前看，加起来不会低于250万元。当然，这里不包括咨询机构的成本，咨询机构不属于中介机构。

如果这些中介机构在开始报价的时候，收费低于250万元，那就是一种收费的策略，什么叫策略？就是开始的时候先少收点，然后再加钱。

如果企业的财务合规，费用可能低一点，在200万元左右；如果财务基础差的话，总计费用250万元肯定不够。上述的第一项成本，也就是财务合规改造成本，整个财务体系的建设，可能要花上百万元。可能其中一个中介机构的收费就达到200万元，整体基础费用，怎么

也得600万～700万元，另外，券商还有成交费用，成交费用按融资额百分比收取，一般在3%左右，比如融资额为1亿元，融资费用就是300万元。

但是，这300万元不是拟上市企业先出的，券商从融资额里直接扣除。所以真正赚钱的是券商，其他中介挣的都是辛苦钱。

以上是企业在新三板挂牌过程中可能付出的成本，在企业准备新三板挂牌之前，老板需要先算好这几个方面的成本，明白企业上市的路线图是什么样，各项手续要花多少钱？这些问题都考虑之后，老板再做决定，是否要启动企业上市这件事。所以，一家企业要不要上市，必须先做一个调研，对需要解决的问题有明确的

了解，知道解决这些问题需要花多少钱，然后再做决策。不能毫无准备，就把券商、律师等中介机构引进来，结果变成勉强推进上市进程，最后上市成本远高于预期。

上市的步骤

第一，确定上市主体。

上市进程中，重要的问题是确定上市主体，就是让哪家企业上市。有些企业想上市，但是可能存在的问题比较多，也无法解决，或者解决问题需要付出的成本太高。这种情况下，需要"洗大澡"，就是把目前的上市主体废掉，重新成立一个上市主体，把原有企业的业务装进来，这样一调整，就把企业原有的历史抹掉了。抹掉了历史，也就没有历史了，根据规定，新三板挂牌要有两年历史，其他的板块上市，都需要有三个完整的会计年度，这样算的话，没有 3 ～ 4 年是不可能完成的。所以，要把企业从现在到上市之间干什么、路线图是什么、需要多长时间、需要花多少钱等事情搞清楚之后，再决定上市或不上市。

第二，财务体系合规改造。

一个企业上市之前要完成其财务体系的合规改造，这是很专业的工作，一般来说，仅凭企业自己的力量是搞不定的，需要引入专业机构，所以券商、会计师、律师都需要到场，对企业做详细的调查。要调查以下情况：企业的基本情况、企业股权、重大重组、内部持股、实际控制人等历史情况；企业财务情况、税务事项，财务体系的内容；或有事项，有没有担保和债权债务；劳资情况，社保的问题，员工合同的问题；资产产权的情况，以及对行业未来测算的情况；等等。这些都要详细梳理，梳理完企业才能上市，到上市前需要把这些问题都解决，满足上市要求，还要排队。这些事需要多少时间，哪些事情企业自己能做，哪些事情企业需要聘请专业机构做，需要花多少钱，都要预先规划，最后再决定是否启动上市工作。

第三，企业上市的路线图规划。

考虑未来企业上市后的市值，有些企业早一年不如晚一年，早一年企业的体量小，上市之后企业的市值低，稍微晚一年溢价高，企业市值就上去了，更值钱，因为企业一年的业绩增长是很快的，所以这是一套系统的工程，叫上市路线图。

企业上市路线图规划，主要有以下几个问题。

（1）企业历史沿革情况；

（2）企业历史重大资产重组的情况；

（3）企业实际控制人的情况；

（4）企业上市主体确定；

（5）上市主体股权架构；

（6）财务合规的情况；

（7）内控体系建设情况；

（8）企业资产权属情况；

（9）企业劳资的情况；

（10）关于核心竞争力的情况；

（11）影响上市的其他情况；

（12）企业上市时间的规划，什么时间做股改，什么时间做上市申报材料，这都是要做好规划的；

（13）企业整体上市成本。

把所有这些都理顺，才能够决定上或不上。

做完上市路线的规划图，虽然路很遥远，但毕竟有一个路径，慢慢去实现它，慢慢规范做，最终会实现上市的目标。最害怕的是老板执行力强，今天想上市，恨不得明天就报材料，结果是欲速则不达。

第四，管理保荐人。

券商找一个标的是不容易的，但是国家对券商保荐人签字的上市报告数量是有限制的，一年中，一个保荐人只能签一个主板、一个创业板，也就是说他一年只能签两个项目。一家证券企业的实力强与弱，取决于有多少保荐人。那么，如果一个保荐人手里有五个项目，今年只能签两个，这五个项目会让谁上？这个保荐人一定会选择最有把握的那家企业。否则，报一个材料被证监会否决了，那他一年白干，名声也不好。所以券商对拟上市企业实际控制人说明的情况，并不一定完全是实际情况。券商对实际控制人说这家企业可以上市，不一定是这家企业真可以，因为券商要把这家企业当作后备力量培养；券商说这家企业今年不行了，有可能这家企业是很有希望通过的，但是在这个券商储备的项目中，不是最有希望的，所以今年要给其他企业让路，就要把这家企业暂时放下。所以这些情况都是要拟上市企业实际控制人考虑好的，要有自己的判断能力。

第五，耐心等待。

企业上市是一项重大工程，是战略性的工程，不是那么简单的，得从基础做起，先把财务做好。有的企业两套账、高管年底发 100 万元奖金都不扣税……上市就太遥远了。先把财务做规范、两账合一，税务、核算、报表、管理、内控……

都要规范。

这里可以打一个比喻，企业上市跟嫁姑娘是一样的，一个姑娘能不能嫁一个好人家，最重要的因素是什么？是媒婆吗？必须承认在这个过程中，媒婆的作用也是很重要的，但最重要的不是媒婆，最重要的是这个姑娘本身。这个姑娘好，那别人再怎么做都是锦上添花，不愁嫁；这个姑娘本身就有问题，就是再怎么化妆，掩盖一时也掩盖不了一世，她早晚得见婆婆，早晚得露馅。所以，如果项目本身比较好，不着急，把姑娘养好了再嫁，直接嫁入豪门。女大十八变，养好之后身价更高。企业上市，不是上得越早越好，也不是越晚越好，如果一家企业正在快速发展过程中，而且还不是很差钱，这个时候有可能要把这家企业养得稍微大一点再上，这样的话，

企业一上市，市值就是几百亿元；而如果现在着急上市，上完之后市值只有几十亿元。市值从几十亿元涨到几百亿元，关键是上市之后，股份不都属于企业原有股东了。上市之后，企业的股份要转让给公众股东一部分，原有股东的股份被稀释了，市值涨了也是给别人涨。

所以，企业上市，不是上得越快就一定越好，得有体量。就像嫁姑娘，姑娘怎么也得养到 18 岁，别刚过 12 岁就准备把她嫁出去。所以，对于企业实际控制人而言，一定要用科学的态度，把自己的企业做好，这是最核心、最本质的。咨询机构以及券商、会计师、律师，全是抬轿子的。不能否认外部专业机构的作用，但是根本还是拟上市企业自身，如果企业太烂，外部的人是怎么扶都扶不上墙的，强行推动上市，最终也就是白花钱而已。

第 4 章　**利润管控**

利润管控就是保证企业一年利润的实现。利润是干出来的，也是设计出来的，否则，利润都没有实现的路径，又怎么去保证利润的实现？

所有的管控，如投融资管控、利润管控、现金流管控，都有一个方法论。

第一，管理任何事其实都是管理项目，管理利润也是管理项目，任何事都可以把它当作项目来管理。有些项目比较大，有些项目比较小。企业所有事情都是由项目构成的。

第二，项目管理，最重要的是管理过程而非结果。因为管理结果没用，管理结果就等于守株待兔，结果只有两个，好或者坏。通过对过程的管理，要达到所希望的好的结果。所以有些企业秋后算账，结果好了，奖；结果不好，罚。罚了又能怎样？员工干出坏的结果，企业罚了他，企业没有收获，损失反而更大。企业不希望员工被罚，因为只有员工赚的钱更多，企业的收益才会更大。

第三，过程管理的核心是管理关键节点。要把过程的关键节点梳理出来。

【案例】项目管理的关键节点

比如利润管控，利润是企业要的结果，想要好的结果，就要管理过程，这个过程的关键节点是什么？首先要有收入，收入就是管控的第一个关键节点。第二个节点就是成本，收入有了，成本有了，就一定有利润吗？还要考虑费用。收入、成本、费用都控制好了，利润自然就管好了。控制收入、成本、费用，最后的利润就会达到预期。所以，过程管理的核心是管控关键节点。

比如做工程项目的企业，问题包括：第一，有项目，可以接单，但是没钱垫资；第二，项目做完，去要钱，业主方说工程的

质量有问题，拖着工程款不给，也就是项目质量控制有问题；第三，有了项目，人手不够。这是工程项目最核心的几个问题

一样的道理，盖楼的项目也要做过程管理，找关键节点。从第一步招投标，到最后一步完工验收，中间的过程有多少节点？招投标、概预算、施工图、挖地基、打底板、起架构、装修、水电等。盖一个楼，从无到有，要分解这个过程的话，不会低于 200 个关键节点，每个关键节点

谁负责、达到什么状态，都要有严格的标准，只要把每个关键节点控制好了，最后的结果就不会差，项目质量也就控制好了，这是管理的一个方法。

4.1 利润表解读

利润管控最重要的工具是利润表。所以老板必须学会看明白利润表。

【样表】

利润表

2018 年 4 月   单位：万元

项目	本期		上年同期	
	本月	累计	本月	累计
一、主营业务收入				
减：主营业务成本				
减：主营业务税金及附加				
二、主营业务利润				
加：其他业务利润				
减：期间费用				
三、营业利润				
加：营业外收支				
四、利润总额				
减：所得税费用				
五、净利润				

对利润的理解差异

很多企业财务做完报表之后，老板看了感觉跟自己的想法和预期错位了。

【案例】对利润的理解差异

财务说，"老板，这个月我们做得不错，赚了不少钱，收入是1000万元，成本是600万元，费用花了200万元，也就是利润200万元，这是一张利润表"。

老板看完之后，怀疑地问："你说我们这个月赚了200万元，钱在哪呢？"钱在哪呢？这一句话就问得财务人员无言以对。因为老板觉得"这个月赚了200万元"和他的感受是不一样的，账上没钱，更让老板生气的是财务人员还告诉他要缴税。

老板回到家跟老婆说，"你还是把你那个流水账给我拢一拢，我看一看吧"。最后老板看了流水账，感到这个月做得不好，收入是0，买材料花了400万元，发工资、报销费用花了200万元，亏了600万元。老板看到这个账，心里想"还是我老婆算的对"。为什么？和老板的实际感受一样，因为的确账上没钱，老板娘的账告诉老板少了600万元。

下个月财务人员做完账，又给老板

送过去了，"老板，这个月我们做得不好，这个月收入是0，成本也就是0，费用200万元，所以这个月亏了200万元"。老板一看，心里想，"亏了200万元？我怎么有那么多钱"。因为上个月的1000万元收回来了，这个月付了200万元的材料款，发生了200万元的费用，这个月钱还剩600万元。账上的确有这600万元现金。

理解不一样，导致财务人员和老板对企业的经营结果判断不一样，所以老板看不懂利润表。其实无所谓对错，从这个例子里能看出来，有利润不一定现金增加，没利润不一定现金不增加。所以利润不等于现金，有利润不等于有钱。但为什么利润表很重要，因为利润表能表达每个月的收入情况、成本控制情况、费用控制情况。利润表是能表达企业的经营情况的，只是没有对应现金而已。

利润表表达企业的经营情况，但是不对应现金情况

要想知道现金的情况需要看现金流量表。利润表、现金流量表各有各的作

用，资产负债表、利润表、现金流量表这三张报表，在老板心中最重要的是哪张表？这三张报表里最重要的一定是现金流量表。财务人员总觉得自己做的资产负债表、利润表挺重要的，其实老板不看，老板先看现金流量表，那最重要的报表。

利润表的特点

老板怎么看懂利润表，很简单。

第一，利润表是一个期间的经营结果报表。什么是经营结果？就是收入、成本、费用的经营结果。既然是一个期间，所以利润表相当于录像，不是照片。

利润表表达业务流，现金流量表表达现金流

第二，利润表是企业业务流的表达。什么叫业务流？就是企业干了什么事，成本控制情况、费用控制情况怎么样。

企业最重要的就是两个"流"，一个叫业务流，另一个叫现金流，做企业的本质是运营业务流。现金流是依附于业务流的，所以企业的实质就是通过运营业务流达到现金流的增值。

说得简单一点，企业就是一个现金增值的机器，老板放进去 100 元，这个机器就开始转，买材料、做产品、交给客户，然后出来 150 元；这 150 元又放进去，买材料、做产品，交给客户，出来 200 元，这是企业存在的意义。当然有些企业做业务流，现金流不增加反而减少。老板放进 100 元，买材料、做产品，交给客户，运转后出来 80 元，80 元再放进去，出来 50 元，这样的企业，业务流是做了，但现金流是贬值的，那这企业就没有意义了。如果是短期情况，还无所谓，如果在可预见的未来，这家企业都是这样的话，那还不如赶紧把企业关了，因为最终把本钱耗干了之后也还是不得不关。

所以利润表是企业业务流的表达，收入、成本、费用、利润等，只是结果，利润表不能表达收钱或付钱，但是能表达这个月得到多少收入、干了多少活，干活不一定收钱，但是干了活早晚得给钱。也能够表达这个月成本控制得好还是不好，费用控制得好还是不好。虽然钱不一定是今天付，但是今天不付明天也得付，所以利润不等于现金。

第三，利润表是依据权责发生制编制的一张报表。这也是很多老板看不懂利润表的原因，权责发生制就把没学过财务的人搞懵了。现金流量表为什么容易看得懂，天生就能看懂，现金流量表是依据收付实现制编制的，收到钱就叫收，花了钱就叫支，一收一支。利润表依据权责发生制，就是企业有了收钱的权利也算收，有了付款的义务、责任也算支。

【延伸阅读】权责发生制

权责发生制没那么复杂，很简单。第一，承认欠条；第二，折旧摊销。什么叫承认欠条？就是企业把产品交给客户，客户给现金叫收入，客户没给现金，给了一张欠条也叫收入，企业承认欠条。只要企业把这个产品给客户，就叫收入，不管收的是现金还是欠条。所谓欠条，就是应收账款。

那么，反过来，只要用了材料、劳务、服务，企业付了现金叫成本、费用，如果没付现金，也叫成本、费用。因为企业把产品给客户，收的现金叫收入，收到欠条等于收到了获取现金的权利，这是"权"；企业花费的成本，付了现金叫成本，没付现金付欠条，产生了付现金的责任，这是"责"，所以叫权责发生制。产生收款权利就算收入，产生付款责任就叫

成本费用。这样算还是很简单、容易理解的，买了材料，欠供应商的钱，这个材料用完就是企业的成本，虽然没付钱，也是企业的成本。

所以这样算，收入里包含现金，也包含欠条；成本费用里包含现金支出，也包含欠条。收入减成本、费用等于利润，利润不可能等于现金，因为收的欠条和付的欠条不一定是相等的。如果收的多、付的少，那利润里就包含欠条；收的少、付的多，那利润里不仅没有欠条，还付出了欠条，导致现金比利润多。

权责发生制与收付实现制的差异

项目	第一个月		第二个月	
	财务观点	老板观点	财务观点	老板观点
收入	1000	0	0	1000
成本	600	400	0	200
费用	200	200	200	200
盈亏	200	−600	−200	600

此外，业务流与现金流的时间差，会导致企业的利润和现金流不一致。理论上讲，企业从生到死，在这个过程中，利润的总额和现金增加总额是相等的。为什么出现刚才例子中的情况？前一个月有利润，没有现金增加，后一个月没

有利润，但是现金增加？什么叫业务流、现金流的时间差？企业卖产品给客户，这是业务流，有三种情况，第一种情况，先发货，后给钱。先发生业务流，后发生现金流；第二种情况，先给钱后发货，那是先发生现金流，后发生业务流；第三种情况，一手交钱一手交货，这时候现金流和业务流同时发生。如果企业业务流和现金流是同时发生的，那么企业利润表的利润和现金流量表的现金增加是一致的。在现实业务中，业务流和现金流很难做到完全一致，所以必须用两张表分别去表达业务流和现金流，它们之间有时间的差异。

业务流与现金流的时间差会导致利润与现金流不一致

折旧摊销也会导致利润和现金不一致。比如花 2000 万元买一个房子，这个房子能用 20 年，实质上是提前付了 20 年的租金，付钱的时候一次性付了 20 年，但用这个房子的时候按 20 年用，使用年限超过一年的资产，不能够一次性计入成本费用，要按使用年限平均计入，否则的话这个利润就不准确了。

折旧摊销也会导致利润和现金不一致

比如，甲先生当总经理，买了房子，又买设备，都直接计入成本费用的话，今年亏损，老板会说甲先生这总经理干得不行，结果明年换了乙先生当总经理，有利润了，为什么？房子他白用着，车、设备也白用着，没有成本了，免费用。所以，那样记是不行的，房子、设备是甲先生买的，花了 2000 万元，但是分摊房子成本要按 20 年做，今年甲先生只能分摊 100 万元，不能在一年里分摊 2000 万元，但是现金是直接付了 2000 万元，成本只能算 100 万元，因为这个资产能用好多年。这就是摊销的概念。

【延伸阅读】摊销年限的确定

长期资产按照使用年限平均摊销，那怎么知道一项长期资产的使用年限是多少？靠预计，那就预计一栋房子，只用一年行不行？不行。也许理论上讲是可以的，但是实际操作不行，原因如下：企业希望预计使用的时间短一点，想一年就搞定，因为预计使用的时间短一点，今年计入成本费用的金额大，利润低，缴税少。但如果是上市企业，就希望预计的长一点，时间长一点，每年计入的成本费用少，利润高，面子上好看，企业的股票就涨。国家希望预计的长一点，计入成本少，缴税多。

所以摊销年限不是企业自己确定，要按照国家规定。税法规定各类型长期资产的最低折旧年限，比如，房屋建筑物，最低20年，企业可以预计30年、40年，但是不能低于20年。企业预计之后，不能随意变更，否则不具有可比性了。预计20年和预计30年的企业，相同利润的实际结果是不一样的。所以看上市企业利润表的时候，不能只看利润表，利润是被修饰过的，同样的资产，有的企业折旧年限长，有的企业折旧年限短，利润低的企业可能反而更好。

生产设备最低10年，办公设备最低5年，车辆设备最低4年。为什么汽车最低4年？4年肯定用不坏，原来国家规定的汽车折旧年限很长，是10年。后来国家鼓励汽车的发展，就把车的折旧年限规定得低一点，希望企业折旧完赶紧换新车，抵税。国家鼓励某个行业的发展，才把这个折旧年限定得比较低。电子设备折旧年限最低3年，软件最低2年，年限越低表明国家越鼓励相应的行业。

三张报表的比较

用简单的话来表达，资产负债表告诉报表读者企业的家底情况，企业"底子"厚不厚，看资产负债表；利润表代表一家企业的"面子"，"面子"好不好，看利润表。一家企业底子厚、面子好，未必就好，为什么？要先问问，企业的日子过得咋样。现金流量表才代表"日子"，"面子"好看，"日子"不一定好过，可能是"死要面子活受罪"。利润很好，都是应收账款，"日子"没法过；有利润没现金，"底子"也挺厚，资产额很大，"面子"也挺好，但是"日子"过不下去了。有些企业是"面子"不好，但是"日子"好过，没利润但是有钱。有钱就能过日子，类金融企业就是"面子"不一定有多好，但"日子"过得非常好。

利润表的结构

怎么看利润表？利润表的结构也有公式，收入－成本＝利润。所以利润表也由两项构成，资产负债表的构成是一左一右，利润表的构成是一加一减，现金流量表的构成是一进一出。资产负债表是"底子"，利润表是"面子"，现金流量表是"日子"。

收入－成本＝利润，就是利润表的公式。工作中的报表很复杂。分解以后，会发现其实没那么复杂，最简单的利润表由三行构成，第一行写收入，第二行写成本，第三行写利润。

当然，这样又过于简单，有些重要的信息没有表达出来。所以还是需要细分一下，就把收入分类，根据性质不同分为主营业务收入，在企业内部使用的管理报表上，不要写主营业务收入，企业业务是什么就写什么。卖服装，就写服装收入。除了主营业务收入，还有其他业务收入，不是主营业务的就叫其他业务。做生产的企业，租出厂房收到的租金收入就是其他业务收入；物业企业，租金收入就是主营业务收入。所以，主营业务收入和其他业务收入是相对的，看企业的具体业务。在企业内部管理报表中，是什么收入就写什么。如果有投资收益，可能还有营业外收入，可以忽略不计，很多企业都没有，没有就删掉。什么叫营业外收入？一般都是销售废品废料、罚没员工的钱，此外还有政府给的补贴，是补贴收入。

成本也分类，大部分制造业企业，主营业务成本是制造成本。为了简化，其他业务利润把其他业务收入和其他业务支出合并成一行。如果没有这个项目，就在管理报表中把这一行删掉。还有税金及附加，就是所缴的税费，如城市维护建设税、教育费附加、地方教育费附加等。

在计算收入的时候，有两种算法，一种含税收入，另一种不含税收入。对于财务人员，一般理解没有问题，财务上的收入都是不含税收入。但是，财务用不含税收入向业务部门解释的时候，很难解释明白。业务人员会认为，明明收了客户117万元的钱，凭什么说收入是100万元？如果有这种情况，财务人员别较劲，让业务人员听懂是财务人员的职责。所以，如果业务人员转不过弯来的话，把利润表改一下，直接把收入变成含税的收入，就跟业务统计的数字一模一样了。但是把收入变成含税的，成本里的进项税也要当作一项内容列出。

财务跟老板说，"我们企业缴多少增值税，其实不影响我们的利润"。老板能听懂吗，老板一般听不懂。老板会认为，"我一共收了117万元的钱，缴的税多，我收入就少，缴的税少，收入就多，凭什么说没关系？"肯定是有关系，怎么做能够让老板明白？

把主营业务收入变成含税的，把进项税和已缴的增值税放在税金及附加里，这样老板就明白了，收入是固定的，缴的税多，利润就少；缴的税少，利润就多。其实还是没影响，因为进项税也会发生改变，缴的增值税多，说明进项税少；缴的增值税少，说明进项税多，合计数永远不变，所以财务人员就不用给老板解释那么多。反正企业缴的税，有两部分，一部分是企业自己缴的，另一部分是企业把钱给了供应商，让供应商代代缴的。也可以把进项税在税金及附加里单列一行，把已缴的增值税也放进去。收入是含税的，税金及附加也包含实际缴纳的增值税。没办法追溯进项税，因为按道理讲，进项税应该放在成本里。那就不需要追溯了，把进项税单独放一行，表明企业买材料的进项税，老板也就明白了，进项税越多，企业实际缴的增值税越少。

所以，财务人员给管理层看的管理报表，要根据管理层、老板的理解，改一下格式。当然还有对外的报表，比如给税务局的报表还是要按照税务局的要求去做。

成本还包括营业外支出、所得税费用。报表还可以改格式。有些人喜欢这样的报表，第一行，收入，其中，卖什么产品的收入，反正是什么写什么就可以了，不要写主营业务收入、其他业务收入；第二行，成本总数，其中，制造成本是多少，期间费用是多少；第三行，利润，包括所得税。企业的内部管理报表，可以改成这样的格式，管理层容易理解。但是，对外的报表是要有中间过程的，不能简单罗列，因为报表读者要看这家企业的主营业务利润是多少，这家企业是干正事的，靠主营业务赚钱，还是靠意外收入赚钱。但对于企业内部管理者，企业干不干正事，自己心里很清楚，所以在内部管理报表中，中间过程不一定非要列出，报表格式就可以更简单。对外的时候，要列出主营业务利润、营业利润、利润总额、净利润。企业的外部人员不了解这家企业，当然要看看各项内容到底占多少。

收入 – 成本 = 利润，这个月的利润是 1956 万元，是否代表企业增加了 1956 万元的现金？不是这样的，从利润表看不出来，要想看增加多少现金，需要看另一张表。利润只代表这个月经营结果，这个月干了不少活，卖了 1 亿多元，成本控制、费用控制情况，最后有利润 1956 万元，这很重要，因为利润是现金增加的基础，没有利润，最后企业的现金一定会减少。因为存在时间差异，有利润不一定有现金，但是从长久来看，没利润以后肯定不会有现金。所以利润表表达的就是这个月的收入情况、成本控制情况、费用情况。当然这个月在做管控的时候，光有张利润表是不够的。

4.2 利润设计

利润设计就是利润管控，怎么设计2018年8月的利润，怎么设计2018年的利润？利润设计之后，按照目标去做管控，管控好过程，就实现了利润。

利润设计的基础

利润设计的基础：一，企业历史经营情况，就是企业以前的经营情况数据；二，对未来市场的预测；三，企业的战略和董事会的合理期望；四，企业资源。设计利润的过程，就是做预算的过程，预演的过程。

利润设计的方法

对利润的设计有两种方式，一种叫正推法，另一种叫倒挤法。所谓正推法，是根据企业的现有情况，制定收入目标、成

本目标、费用目标，最后算出利润。所谓倒挤，就是不管现状怎样，就要1000万元利润，去倒挤得出收入、成本、费用如何控制。

【案例】正推法和倒挤法

一个小和尚，打了一壶水，找了一些柴，他的目的是用这些柴烧开这壶水。这个小和尚把壶灌满了水，找了柴之后，他发现这些柴烧不开这么多水，请问怎么办？有人想到一个办法，把水倒掉一点，想到倒水这个办法的人，可能觉得自己挺厉害，非也！因为他忽视了另一个问题，倒掉半壶水，结果是烧开半壶水，烧一壶水和烧半壶水，结果不一样，水少了。

所以，倒水的方法太消极，积极的人不是这样想的，会想办法去找柴。能找的先尽量找，实在没办法才倒水。

直接倒水的叫正推法，有多少资源，就干多少事；去找柴的，就是倒挤法，目标就是烧开一壶水，缺什么就去找什么。

目标是利润1000万元，倒挤法是这样的：要达到1000万元的利润，人数不

够，那就招人；钱不够，那就融资。如果实在招不来人，融不来资，那只能降低目标，但是得结合企业历史情况和未来规划进行推演，不能看到目标马上就否定。

根据企业的历史收入情况、成本情况、毛利情况、利润率情况，大致算一张利润表。要想实现 1000 万元的利润，需要 5000 万元的收入，同时把成本和费用压缩在 4000 万元以内。下一步就是怎么实现 5000 万元收入，同时把成本、费用压缩在 4000 万元以内。所以利润设计分为收入设计、成本设计、费用设计。

所谓收入设计，就是做收入的分解，按时间、产品、客户、战区去分解。比如今年必须实现 5000 万元的收入。按时间分解，一个月 400 多万元？不对，因为很少有企业的收入是每月固定不变的，一定有波动。所以要看企业的历史收入情况，把以前年度的收入分 12 个月列出来，分析淡季和旺季，然后把 5000 万元收入按照季节性波动，分配到 12 个月里。如果企业的某一项产品，生产能力受到限制，只能生产那么多，这就是资源受限，就要以生产能力为标准去设计。所以收入设计，问这五个问题：什么时候卖？卖什么（有什么产品，按产品分解）？谁卖（任务按在人头上）？卖给谁（客户是谁，每个渠道多少）？怎么卖（工作方案是什么？是参加展会，还是电话销售）？这个收入设计，是业务部门做的，财务部门要推动业务部门去做，销售总监没有一个月时间是想不明白的，而老板只看结果。

收入设计好了以后，配比设计成本。也就是要实现这些收入，材料的投入、人工的投入、设备的投入以及市场的投入等。再根据这些推演人员的编制和固定资产的投入。最后，所有这些会反映为相应的资金流，也就是现金流预测。

4.3 导入工具

利润管控需要导入四个工具，第一个工具叫简化的利润表，第二个工具叫收入设计预测表，第三个工具叫成本设计预测表，第四个工具叫费用设计预测表。

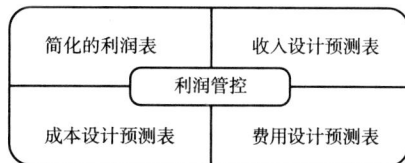

简化的利润表	收入设计预测表
	利润管控	
成本设计预测表	费用设计预测表

【案例】收入设计预测表解读

收入设计预测表

战区	城市	事业部 ××				事业部 ××				合计
		产品 ××	产品 ××	小计	占比	产品 ××	产品 ××	小计	占比	
北区	北京									
	山东									
	东北									
	……									
小计										
占比										
东区	上海									
	江苏									
	浙江									
	……									
小计										
占比										
南区	广州									
	深圳									
	福建									
	……									
小计										
占比										
西区	成都									
	重庆									
	云南									
	……									
小计										
占比										
	合计									

这个表很简单，如果是分事业部，就横向是产品、纵向是部门。纵向的内容和企业的营销组织架构相关，如果企业就是一个销售部门，下面有五个战区，五个战区里每个战区又分几个组，那就按照实际的组织架构改。把北区改成一战区，把东区改成二战区，把北京改成一组，把山东改成二组。换句话说，这个表是分层次的。

如果是全国性营销，那么可能会分大区，大区里还要分企业，企业下面还要分战区，那就一层一层地做。就是企业的营销组织架构，每家企业的营销组织架构是不一样的，有的有很大的架构，有的稍微小一点。这张表如果要用于下一年度的话，要做12张，把每个月的收入情况按照谁来卖、卖什么的维度列出来。12张表包含3个纬度，什么时间、谁卖、卖什么，做完之后，这将成为企业利润管控的标准。

利润管控，需要先定标准。为了目标逐月控制，然后看实际情况与控制标准的对比。可以有三列数据对比，比如，2017年7月的历史业绩数据，2018年7月的目标业绩数据，以及2018年7月的实际业绩数据。对比有差异就要找原因，是好是坏，如果坏，召开经营分析会议，分析为什么坏、怎么回事，原因是什么，下一步改进措施是什么、方案是什么，要追踪过程。等到下个月再看，再比较，如果没改进，那为什么没改进，这个方案是不是不好使？要每月定点跟踪，这是管控过程。收入是一个关键节点，但是收入还要每月进行管控，甚至每周去管控。

这张表非常有用，如果是做工程项目的企业，一个项目就是一个产品，按项目核算。一开始做未来的数据有难度，可以先把历史的数据、现在的数据填好，把企业已经实际发生的业务做到表上，把实际发生的数字填完之后，看企业的销售情况就能够一目了然，卖的什么产品、谁在卖等。但是没有标准，不知道实际情况跟标准比是好是坏，即使没有标准，老板也看到了最后的结果，也能够做一定的评判。把这个表用熟了之后，慢慢就会填未来的数据了。

【案例】成本设计预测表解读

同样，成本设计预测表也一样，卖哪个产品，成本是什么，材料分别是多少。每个月生产了多少产品，产品耗用的成本情况要做出来。换句话说，至少能出每个产品的利润情况报表。如果这个报表做不了，说明这家企业成本核算的确有问题。

按照财务核算的要求，生产车间工人的工资是要计入产品成本的。但是，从管理的角度来看，计不计无所谓，因为真正控制的时候，是按某一项控制，而不是按总数控制。要控制材料成本、人工成本，所以财务核算的明细一定会分开，有材料、人工；有直接人工、间接人工，间接人工就是车间主任、车间管理人员的工资薪酬。直接人工就是生产线工人的工资薪酬；还有一些其他制造费用，如水电费、机物料等，这些不知道具体是哪个产品用的，但是都属于间接成本。管理上要对每一项费用进行控制。财务核算的时候，生产工人工资是否计入成本，并没有本质影响，但是如果是对外报表，生产工人的工资还是要计入成本的，因为这是惯例。否则的话，毛利率无法和其他企业比较，会计处理要遵循国家的规定。

成本设计预测表

项目	产品一	平均	产品二	平均	产品三	平均	产品四	平均	合计	平均
销售数量										
销售收入										
销售税金										
销售成本										
直接材料										
占收入比例										
材料××										
材料××										
材料××										
材料××										
辅料										
直接人工										
占收入比例										
间接人工										
占收入比例										
其他制造费用										
占收入比例										
毛利										
毛利率										

【案例】费用设计预测表解读

费用设计预测表，这个表更容易看懂，横向是每个部门，纵向是人数、费用明细。同样的道理，企业的各个部门，如采购、生产、质检、设备、物流、人事、行政、财务、销售、客服等，每个年度结束的时候，要做出下一年度各个月份的费用预测表，一个部门出 12 张表，每一个月的费用分别是多少要列出明细。这个表的导入、落地也可以循序渐进，先让财务人员把本年度已经实际发生的费用填出来，就基本上把企业每个月的费用情况一目了然地表达出来了。每个部门花多少费用，包括花什么费用、人均是多少、每个部门人数是多少、每项费用占比是多少。

费用预测表的格式适用于各种行业的企业，不同行业的企业，只要按照实际的费用明细改一改，这个工具都能用上，一张表能够把企业一个月的费用一目了然地表达出来。收入成本费用这个工具控制好了，最后的利润就可以管控，也就是说通过财务管理企业要靠财务管理工具的导入。

费用设计预测表

| | 制造费用 | | | | | | 管理费用 | | | | | 销售费用 | | 合计 | |
	采购	生产	品质	货仓	小计	占比	人事	行政	财务	小计	占比	销售	占比	合计	占比
人数															
人员薪酬															
房租															
水电费															
办公费															
差旅费															
业务招待费															
维修费用															
低值易耗品															
运输费															
折旧															
摊销															
杂项															
合计															
人均															
预算															
好坏 (+/-)															

4.4 利润管控的指标与评价

说实话，老板看企业报表，一家企业十张报表，如果这个老板名下有十家企业，就得看一百张报表！所以，看报表还不是管理财务最简单的方式，因为看十张报表也得花很长时间。要了解一家企业的经营情况，根本不用看十张报表，只需要看四个指标，这四个指标没问题，那这家企业这个月就没问题，差不多一秒钟就看完了；发现一个指标有问题的时候，再看对应的报表，查找哪出问题了、细节是什么。所以指标比报表还精炼，能够让股东、管理层读懂企业经营情况的数字。

利润管控指标

第一个指标是收入；第二个指标是毛利率；第三个指标是一元收入费用负担率；第四个指标是销售利润率。

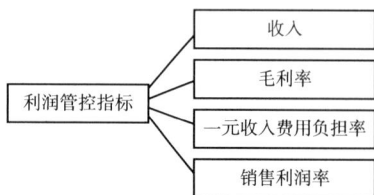

利润管控指标 — 收入 / 毛利率 / 一元收入费用负担率 / 销售利润率

【案例】利润管控中如何看待成本总额

甲企业2017年7月的目标值是收入500万元、成本400万元、费用50万元。这是设计好的利润情况。再看实际结果是好是坏。实际的情况是收入600万元，目标实现；成本470万元，可能有人认为超额完成了，那么这是好是坏？

看完一个数字都不知道好坏，说明这个数字有问题。不能光看成本绝对金额超过了目标值，超了就坏吗？不一定。有些企业会犯一些让人觉得可笑的错误，收入、成本、费用都有预算，收入可以超过预算，但是费用不能超预算。管理层对销售部门说，你这个费用超了，不能花了，为什么？因为这种管控理念，就是收入控制看收入，成本控制看成本，费用控制看费用，三项指标独立。但实际情况是，要超额完成收入，费用自然就会高，费用是支撑收入增长的。不让花费用，那销售部门第二年就长记性了，"收入今年一定不能超"。所以，这样的管控理念、管控方法，肯定是不对的，收入600万元，超预算了，成本也得超预算，这是好的结果。

同样的道理，实际发生费用59万元，是好是坏？也一样看不透。所以，不能用简单的成本进行分析，因为看不透，所以要看第二个指标毛利率。

那么来看第三个指标，费用花了500万元还是花了600万元，老板根本不知道如何评价，所以也不能简单用费用总额控制，因为根本不知道好坏，所以，第三个指标叫一元收入费用负担率。

如果一家企业的一元收入费用负担率是0.1，什么意思？就是企业形成1元收入，需要0.1元的费用支撑。不要把费用仅仅当作费用，费用是获取收入的资源，0.1元费用支撑1元收入。算完之后就知道了，600万元收入，超过预算的500万元，这个肯定好的；毛利是多少？20.1%是好还是坏？如果目标是20%，实际是20.1%，那就是好的结果；企业预算目标是一元收入费用负担率为0.1，算完之后，实际数据是0.099，不到0.1，比预期低就是好的结果，一眼就看透了企业的经营结果。

第四个指标，销售利润率。这是最后的结果，只要企业把收入控制好，毛利率目标达成了，一元收入费用负担率目标达成了，最后的利润结果一定好，一定达成。所以老板只要看这三个指标，如果指标好，利润表根本不用看，收入明细表、成本明细表、费用明细表根本不用看，看这三个数就能知道这个月经营情况不错。

对利润本身的理解

老板们应该如何看待成本呢？利润管控，控制收入、成本及费用。收入不变，成本越低，利润就越高。有的企业得到的结论就是要降成本，这当然没有错，成本一定要降低，成本是利润的减项。但是，成本也是获取收入的资源。

【案例】利润如何增加一倍？

假如，收入是10，成本是9，利润是1。现在要让利润增加一倍，怎么办？

方案一，增加收入。收入增加有两个要素，一是数量增加，二是单价提高。企业收入增加是哪个因素影响的，需要做分析。数字是很美妙的东西，销售价格提高10%，收入变成11，成本为9不变，利润变成2，利润增加了1倍。那就得想办法，如何把产品的售价提高10%。但是，很多企业的产品受市场竞争的影响，提不了价。相同的产品拼价格，但是不一样的产品客户没办法做比较。要想把产品销售单价提高 10%，只有一个办法，就是要走差异化道路。当然这不是财务能做到的，这是企业营销、研发、技术部门做的。研发人员研发了一个新的产品，跟别人不一样，或者一个新的工艺用到现在这个产品上，那 10% 的价格提高是很简单的。提价的同时要保证成本不动或变动很小。

中国企业的产品走差异化道路的不多，大部分企业的创新能力偏弱，和美国企业的创新能力差距还是很大的。中国企业的创新基本上处在微创新阶段，就是把方的改成圆的，把圆的改成方的。所以就逼着企业进行营销创新，以营销塑造差异化。什么叫以营销塑造差异化？有个广告宣传产品是"蓝瓶的"。蓝瓶的和白瓶的有区别吗？肯定没有区别，有区别就不对了，因为化学成分不能变，就是葡萄糖酸钙、葡萄糖酸锌。但广告就说"蓝瓶的"，最后创造了和白瓶的差异。营销媒体反复强调以后，"蓝瓶的"在消费者的意识里就代表着高质量。给孩子买着喝，别说贵 10% 了，贵一倍家长都舍得，这就是营销差异化。

方案二，降低成本。收入 10，成本变成 8，利润为 2，利润也增加 1 倍。

所以控制成本没有错误，无论哪家企业都要控制成本，成本领先战略是一个重要的整体竞争战略。很多企业之所以活着，能够和全球企业竞争，一个重要的优势就是企业成本还是比较低的，原因不是这些企业管理水平高，而是中国的人工便宜，并且污染环境的代价低。

当然了，老板往往不用上面这两个办法。

方案三，通过资源推动，放大规模。老板经常想的办法是收入变成 20，成本也变成 18，这样利润就变成 2，利润增加 1 倍。规模放大一倍，利润增加一倍。

利润增加一倍的三种方案比较

项目	现状	方案一	方案二	方案三
收入	10	11	10	20
成本	9	9	8	18
利润	1	2	2	2

成本是利润的减项，也是获取收入的资源。很多人只记住了前半句话，没有理解后面这半句。成本不是越低越好，不是什么成本都砍，要是把成本都砍成零，收入也就变成零了，成本是支撑收入的，不

是不让花钱，是希望有效率地花钱。有些企业营销费用高，但是控制的结果是营销费用下降的同时收入也下降了，最后发现费用率增加了，这不是好事。因为成本也是获取收入的资源，所以，该花的还得花，该付出的成本还得付出。

利润好坏在某种程度上是可以修饰的，但对于给定的一家企业而言无所谓，因为处理方式是一致的，并没有做这种修饰，今年和去年都是一致的，所以利润还是具有可比性的。利润表并不能够完全真实反映一家企业经营的情况，但是在某种程度上还是能反映企业的经营结果，比如，企业这个月收入的情况、签合同的情况、生产产品的情况、成本控制的情况、费用控制的情况。所以利润表代表面子。

当然，利润表也不复杂，"一加一减"，加收入，减成本，"收入－成本＝利润"。成本有广义成本和狭义成本之分，广义成本是包含费用的。"收入－成本－费用"，这个成本是指狭义的成本；"收入－成本＝利润"，这个成本是广义成本。

利润管控方法

要想做利润的管控，有三个关键节点、一个方法论。

要想实现利润，那必须有收入，这是第一个关键节点；第二个关键节点是成本，第三个关键节点是费用。当收入、成本和费用都控制好的时候，企业的经营结果一定好，这是一个方法论，用在哪里都是正确的。上文还讲了几个指标，这几个指标就是关键节点的指标。

对于很多财务基础比较差的企业而言，财务人员按照实际发生的数据，把利润的明细表填完都是比较困难的。企业需要有比较完善的财务系统，才能把这些数据提取出来，财务基础差，数据算不出来、算不准，可能有总数，至于归属哪个部门，财务人员根本就不知道。为什么财务数据一定要跟每个部门挂钩？费用表格中，纵向是费用明细，横向是每个部门；销售明细表中，横向是产品，纵向又是部门。因此，这些表最后都跟人挂钩，这就是管理，管理离不开人。所以，如果财务部门根本核算不出来哪个部门、哪个人花了多少钱，就无法制作费用表。老板只知道要控制招待费，但是控制谁？怎么控制？

所以管理一定跟人挂钩，上面的利润管控表并非每一家企业都能做出来，之所以做不出，原因在于企业整体的财务核算体系有问题、核算不细、核算科目不对……种种原因。所以要想把这些数据准确、及时地反映出来，必须把财务的核算体系弄明白。把账做准是对财务人员最重要的要求，对外安全、对内准确，老板、管理层要什么数字，就有什么数字。

管理最终是管理人的行为，所以只要是承担责任的人，就都要受到管控。企业的所有管理行为最终一定是和人挂钩，不管是成本控制还是收入控制、费用控制，对应哪个部门，部门经理就是承担责任的人。

回顾一下关键节点，第一个关键节点叫收入，第二个关键节点叫毛利率。老板、业务人员应该比财务人员更了解企业的毛利率，如果一家企业老板不知道自己企业的毛利率，那简直就是开玩笑。但是，实际情况就是如此，很多企业的财务总监也不知道企业的毛利率。长财咨询的咨询师在与企业人员的沟通中，基本都会了解几个数据，比如，去年的销售规模、企业的毛利率等，结果很多人答不上来。毛利率这个指标下降了，一般有两个原因，一是产品售价下降，二是成本上升。无论是产品市场价格下降，还是没有控制住成本上升，对于企业来说都是非常重要的问题。所以要关注毛利率，毛利率的计算公式为：

$$毛利率 = \frac{收入 - 成本}{收入} \times 100\%$$

第三个关键节点是一元收入费用负担率，很多人没有听说过。老板、管理层看到这个月的费用是 500 万元也好，800 万元也罢，那仅仅是个数字。貌似看明白了，但其实说不出好坏，500 万元是好还是坏？800 万是好还是坏？不能简单说费用高就不好，因为费用也是企业获取收入的资源，要想实现收入，一定有费用做支撑，有费用投入，才能实现企业的收入。所以老板、管理层不能看一下费用的绝对额就完事了，如果认为费用绝对额降低了就是好事，如果同时收入也降低了，这还是好事么？

所以要用一元收入费用负担率这个指标，有了这个指标，老板就不用记企业的费用到底有多少了，记住一元收入费用负担率这个指标很容易。一家企业形成 1 元收入，需要花多少费用支撑？这个数字是老板很容易记住的。当这个数字印在老板的脑子里的时候，他就马上能评判出来，这个月、这个季度或者去年一年企业费用的整体控制情况是好还是坏？比老板看很多明细数字更有意义。老板要告诉自己的员工："弟兄们，明年我们的目标就是把一元收入费用负担率降低一分，各位，这就是我们明年的目标。"

一元收入费用负担率计算公式为：

$$一元收入费用负担率 = \frac{费用总额}{收入总额}$$

企业的费用一定要跟收入挂钩，这里的费用总额是一个费用总和，即管理费用、销售费用、财务费用三项期间费用，都包括在里面。期间费用如何分解成管理费用、销售费用没有实质的意义。有些企业非要纠结什么叫销售费用、什么叫管理费用，从管理的角度讲，这种分类没有任何意义。有的生产制造型企业，把生产工人的工资计入费用，而没有计在成本里，这是老板从管理角度出发的。但是这样做税务上是有问题的。仓库里的产品还没有卖掉，但是工人工资全走费用了，费用马上就抵税了，这是税法不允许的。生产产品的人工费用什么时候才能抵税？只有把产品卖掉的时候才能抵税，不能产品没卖掉，先把人工工资拿出来抵税。从企业管理角度

可以这么做，但是税法不允许。

所以，有时候，从管理角度看，没有必要分解销售费用、管理费用。如果想控制某一项费用怎么办？比如企业的招待费比较高，吃饭吃得太多。老板说我们得控制一下招待费，那么怎么控制？吃完饭，找老板签字，这根本不叫控制。员工吃完饭再找老板签字，老板可能只有心里不悦，但是不能不签。老板要不签，会是什么结果？业务员有可能自己掏腰包付这个钱吗？没有道理，是老板逼业务员想办法把钱捞回来。

仅仅事后签字不叫控制。控制很简单，想控制招待费，就要计算指标，算一元收入招待费用率，企业要形成一元收入到底得吃多少钱？算出形成一元收入要吃两分。企业想让招待费往下降，目标是从两分降到一分五厘，老板要对企业所有的人说这个指标。当大家都知道老板在算这个指标、关注这个指标的时候，自然这个费用就会降下去。所以，企业想控制哪个费用，就计算哪个费用的指标，一元收入对应的费用是管控某一项费用、降低某一项费用的起点。

算完这个指标还不算完，还要分析，这一项费用分别都是谁花的，把吃饭花钱

最多的前十个人列出来，分别吃了多少，每个月都做个表发给他们，关键是还要把业绩排名表列出来，业绩第一名是谁，吃饭是第几名；业绩第二名是谁，吃饭是第几名？这是总量控制，是一种符合人性的控制手段。

第 5 章　现金流管控

利润对于企业而言是很重要的，因为利润是企业活下来的基础，没有利润企业最终会死掉。那么，利润重要，现金流是不是重要？现金流也重要。如果非要比较，到底是利润最重要还是现金流最重要，那一定现金流最重要，因为现金流关系到企业的日子怎么过，所以现金流的管控就显得更加重要。

现金流管控对哪些企业不那么重要？对特别有钱的企业。如果企业有花不完的钱，现金流管控就显得不那么重要。可能这样的企业只管结果，相当于一个水塔，什么时候来水不用管，只要出水的时候管好，拧好龙头就好了。但如果企业的现金很紧张，那么不仅要把出水的水龙头管好，还要考虑进水。

5.1　动态现金流

现金既是流动的，也是静止的，资产负债表其实就是资金的静态表，当然现金流更重要的是一个动态流动的概念。企业的现金就像是一个水池，叫现金池，现金池就是企业保险柜和银行里存的那些钱，这些钱有流入，有流出。这个"水池"的水为什么要流动，把它存为定期不是更好吗？流动的作用是平衡。那么蓄水池的水多，就容易平衡，蓄水池的水少，平衡起来就难。所以资金紧张的企业，平衡起来难度就大，对财务总监资金调动的要求就高，可能财务总监经常着急没钱了怎么办。但有些企业，蓄水池的水足够高，这时老板、财务总监也害怕着急。因为现金池的水太多，收益率就会降低。钱都放在银行账户里，哪有什么收益？活期利息都可以忽略不计。所以蓄水池的水位高，平衡效果好，但是会降低股东的收益率；蓄水池的水位低，平衡效果差，但是没有浪费，因为现金的收益率是最低的。

【案例】甲企业现金流状况

假设甲企业 2017 年现金流入 10 亿元，流出 8 亿元。甲企业的现金流会不会出问题？不一定没问题，因为虽然流入10 亿元，2017 年共 12 个月，在这 12 个月中，流进来合计是 10 亿元，具体到什么时候流入，先流进来还是先流出去，还不确定。如果 2017 年 10 月、11 月，先流出 8 亿元，2017 年 12 月，才流入 10 亿元。结果是水池的水根本就没 8 亿元，就不够用了，资金流断了。那 10 亿元就进不来了。

很多老板听说搞房地产开发挺赚钱的，开始算账，买块地，盖上房子卖出去多少钱，算完之后，结果是赚钱的就开干。但没想到，有的时候钱是先流出才能流入，如果流不出这么多钱，流入的钱也就进不来了。

静态算账是没问题的，等动态算账就出现问题了。所以正是由于现金是流动的，有时间的因素，所以在看待企业现金流的时候，必须把现金流进、流出与时间挂钩，加上时间轴。如果做一个新的项目，要把这个项目的时间轴画出来，周期是多长？大的项目可能时间会超过一年、两年。在这个时间过程中，要区分足够短的时间。什么叫足够短？不能按年算，要按月、按周去计算。有时候按周算时间也太长了，要按天算。那么至于是按周还是按月去测算企业现金的流入、流出，取决于什么？

回到刚才甲企业的案例，在某种情况下，甲企业的现金流不会出现问题，如果甲企业的资金池原来就有 10 亿元，这家企业 2017 年现金流绝对不会出现问题。流入的 10 亿元即便最后一天进入都没关系，原有的资金足够先投 8 亿元出去，还剩 2 亿元，后来又进了 10 亿元，变成 12 亿元。所以这家企业如果蓄水池有 10 亿元的话，就没有必要按周算现金流，把这一年算明白就可以了。

从时间轴看现金流的时候，这个时间间隔多长，取决于蓄水池的水有多少。蓄水池里水多，时间间隔就可以长一点；蓄水池的水少，就得时间间隔短一点。所以蓄水池里的水，也就是资金池里有多少资金，是表明一家企业现金安全的

> **现金流必须有时间轴！**

> **现金流的时间轴与资金存量有关**

重要指标，尤其是评价大企业的时候更是经常用到。这个指标怎么理解？假设，从现在开始企业一分钱都不进，企业的经营状态不改变，企业账上的钱能养活企业多久。如果能养活一年、两年，那是太有钱了，一般能养活企业三个月都已经是比较安全的。

所以现金流管控要跟时间挂钩，时间间隔的长与短，要根据蓄水池金额的大与小来判断。要判断在这个时间间隔内，现金进来多少、出去多少，现金流会不会断。如果任何一个时间点，现金流都不允许断，那么，一个项目或者企业经营的过程中，只要所花的钱小于蓄水池的钱，这个间隔就是安全的。在每一个时间间隔，都要测算现金流入和流出，保证每一个时点的现金流都不会断，流入都大于流出，保持资金池的水位不变化，在这种情况下，现金流是非常健康的。

所以这就是现金流入流出的模型，做复制类型的项目，就必须把这个模型做出来。比如，开餐饮门店，要不停复制。开一个店，选址花多长时间，人员培训花多长时间，刚开店不可能马上就有收入。假如开一个店需要三个月，可能三个月中第一个月只是出钱，第二个月进一点钱，按周把现金模型做完，再总体测算一下，开一个店花多少钱，可能比原来想象的开一个店花的钱要少。因为算得很细，把偶尔流进来的一点钱，也都同时考虑，而且投资也不用一下就把这么多钱投进去，可以先开两个店、三个店，资金就运转开了，所以这个模型做完以后就有利于复制扩张。

5.2 现金流量表解读

现金流管控也需要借助工具，现金流量表是最重要的现金流管控工具，那么什么是现金流量表。

第一，现金流量表是一段期间内现金流入流出的汇总。相当于给企业现金流拍录像，反映一段时间内现金流入流出情况，而不是一个时点的状况。

第二，现金流量表是企业现金流的表达。利润表是企业业务流的表达，一家企业运营有两个流，一个是现金流，另一个是业务流。现金流量表是企业现金流的表达，业务流很重要，现金流更重要。

第三，现金流量表是企业"日子"的表达。资产负债表代表企业的"底子"，利润表代表企业的"面子"，现金流量表才代表企业的"日子"。有的企业"底子"很厚，"面子"很好，但是"日子"很难过，比如固定资产投资一堆，业绩很好但都是应收账款，没有现金。经营企业，最惨也要做到"面子"不怎么样，"日子"要好过。当然有些企业更惨，"日子"不好，"面子"也不行，那就更有问题了。

第四，现金流量表是收付实现制报表。什么叫收付实现制？很简单，收到钱就是收，花了钱就是付，所以现金流量表的结构包括两项，一进一出，进叫流入，出叫流出，流入减流出等于净流量，把流入、流出细化，就成了现金流量表。

现金流入

现金流入主要包括几种情况。

第一，卖产品。这是企业最喜欢的进钱方式，把产品卖掉，把服务卖掉，然后把钱收回来。专业的说法叫销售商品提供劳务收到的现金。

第二，贷款，或者把范围放大一点，叫借款。贷款都是向银行、金融机构贷款，而借款可能是向任何人借。

第三，投资收益。把投资收益收回来。

第四，处置投资。把投资处置了，把本钱收回来。当然还可能是有钱流进来，但是本钱不一定全部能收回来。可能比原来的本钱卖的价格低，比如原来买的股票是 48 元 / 股，现在卖了是 8 元 / 股。虽然也进钱了，但是进的钱比当初付出的本钱少，也算现金流入。

第五，政府补贴。一些政府部门，如发改委、财政局、管委会、科技部甚至工商总局等，会出资支持企业。但是这是要缴企业所得税的。

第六，活期银行存款利息。为什么是活期？因为定期存款的利息是投资收益，那是企业主动投资，而活期存款利息是被动的利息。

第七，砸锅卖铁，处置资产收到的钱。比如花 8000 万元建的厂房，现在要还银行贷款，实在没有别的钱了，就作价 5000 万元把厂房卖掉。

第八，股东投入的钱。

上面把企业进钱的渠道比较完整地列示出来了，但是，这么多进钱渠道，它们的性质并不是完全相同的。根据性质不同分成三类。

第一类，经营活动现金流入。销售商品是经营活动，政府补贴也是经营活动，因为只有做经营，政府才会补贴企业，活期存款利息流入也是经营活动。

第二类，投资活动现金流入。投资是花钱出去，把投资的钱收回来就是流入。收到投资收益也是投资活动流入，处置投资是投资活动流入，处置资产也是投资活动流入，因为固定资产也要投资。

第三类，筹资活动现金流入。借款是筹资活动现金流入，股东投入也是筹资活动现金流入。

经营活动现金流入是靠企业自己，如果流入减流出是正的，那么钱是增加的，叫内部融资。投资活动现金流入，砸锅卖铁也是靠企业自己，也是内部融资。筹资活动现金流入是靠别人，靠外部融资。

所以这三种流进来的钱，性质是不同的，虽然钱都进了企业，由于性质不同，企业会有所取舍，哪个钱进来更好，哪个钱进来不好。

【案例】花钱买一台苹果手机

苹果企业出新款手机，买苹果手机需要钱，最好的钱是哪来的？卖肾，肯定不好，最好的钱是自己打工赚的钱，打工赚的钱就是经营活动。失业状态没工资怎么办？去借，结果被人知道没工作，没有偿还能力，朋友都不借，借不来之后，怎么办？啃老族，找老爹，就是股东投入。买手机让老爹给钱，老爹种一年地，还不够买个手机，所以老爹也给不起，不给了。没有打工赚的钱，股东给不了，借也借不来，最后还要买，就只好采取第三类，投资活动流入。投资活动流入就是处置资产。身外什么资产也没有，最后发现身上的零件有的是富余的，所以就只好卖肾。

所以，投资活动现金流入，一般来说，企业都不喜欢。因为把"肾"卖了，别看钱进来了，但是那钱让人不喜欢。企业也一样，砸锅卖铁，把厂房、设备、豪华车、办公楼都卖了，就没有未来了。

现金流出

同样，企业的现金流出，也分为三类，分别是经营活动现金流出、投资活动现金流出、筹资活动现金流出。经营活动现金流出，企业花钱最多的流出是买材料；次之是发工资，以及缴社保、住房公积金；然后是缴税；此外还有一些费用，如办公费、招待费、广告费、房租费、水电费、物业费、会议费、差旅费等。虽然这些费用名目繁多，但是它比前面的金额都小，所以在做报表的时候，一般把这些费用合并放在一行。如果老板想知道这个费用的明细，都是什么事花了钱，就单独再做一张表，解释这一行的明细。如果期间费用里有某项费用对于企业来说特别大，比如房租，足以影响老板对现金流入流出的判断，可以把这一项费用单独一行列出来。

投资活动现金流出，列示企业对外投资、购置资产花的钱。投资活动现金流出主要是这两项以及其他。

筹资活动现金流出，借钱要支付利息，还要偿还本金；老爹给钱是投资，投资的目的是分红，分红也是筹资活动现金流出。

现金净流量分析

由于现金流入分三类，现金流出分三类，所以现金净流量也分三类，分别是经营活动现金净流量、投资活动现金净流量、融资活动现金净流量。现金流入减现金流出等于现金净流量，现金净流量大于零的情况下，水位就不会下降，企业的现金就不减少；现金净流量小于零，现金就减少了。如果长期净流量小于零，现金越来越少，现金流最后就会断掉。

经营活动现金净流量是越大越好，这是企业的发动机，是企业内部融资的来源，是企业"滚雪球"慢慢滚大的支撑。企业自己造现金，造完之后才可以在明年将业务规模扩大，做1亿元的收入规模和2亿元的收入规模，区别是投入的资源不一样，1亿元的时候需要100人，如果人的效率没有提高，收入规模扩大两倍，就需要200人。1亿元收入的时候，需要营运资金3000万元，2亿元收入的时候，就需要6000万元，投入资源要增加。所以今年做1亿元收入，赚了2000万元，再投进去，明年才可以把收入做得更大一点，一年比一年更大一点，叫"滚雪球"，所以经营活动现金净流入也叫内部融资。

经营活动现金流量越大越好

如果把现金流比喻成身体的血液，经营活动净现金流相当于身体的造血能力。有些企业造血能力非常差，有些企业造血能力很强，造血能力高低决定了银行贷不贷款，如果企业没有造血能力，银行是不愿意贷款的。

投资活动现金净流量是大于0好还是小于0好？要具体分析。如果是投资收益导致其大于 0，当然是好的；如果是处置资产导致大于 0，也就是砸锅卖铁卖得多，买锅买得少，当然就不好。所以，一般情况下发展中的扩张的企业，投资活动现金净流量是小于 0 的；业务收缩的规模萎缩的企业是大于 0 的。因为企业规模增加，就要增加投资，现金流出就很大，发展越快的企业投资活动净现金流越小。

投资活动现金流量需要具体分析

今年 1 亿元收入，明年要达到 10 亿元，生产线要增加 9 条，人数要增加 10 倍，办公设备要增加 10 倍，就要大量投资、购置资产，导致现金大量流出。换句话说，一家企业的发展速度是需要资源支撑的，发展规模不同的时候，投资的金额也不同。人均产量不变的话，1 亿元的收入扩展到 2 亿元，人数要增加一倍。人多了的话，办公设备就会多，办公场地面积就会增加，投资就扩大。还有生产线、厂房设备都得增加。所以发展规模越大、投入越大、发展速度越快，需要的钱就越多，所以老板的感觉就是发展越快的企业越缺钱，缺钱说明企业发展快。

【案例】

交通部下属某企业，主要业务是销售交通流量统计设备，并负责为客户安装调试，主要设备为国外进口，企业员工为 15 个人，销售额 500 万 ~ 600 万元，员工待遇情况一般。2008 年 3 月，在一次会议上，主管领导注意到该企业："我们有得天独厚的条件，为什么企业才这么点收入？"过了一段时间，企业换了总经理。新上任的李总工作非常敬业，每周工作 7 天，不是在施工现场，就是出差跑订单。2008 年 8 月，企业收入达到 1500 万元，就是 3 个月干了 1500 万元，那么一年就是 6000 万元。那么，后来这家企业怎么样了？这个总经理是个好总经理吗？

企业原来年收入 600 万元，新上任的总经理要把企业的年收入干成 6000 万元，这家企业会出现什么问题？要大量"献血"，做工程，得多买工程车、多招人。收入增长 10 倍，人员、办公设备、施工设备都得增长 10 倍，需要大量花钱买设备。当然这家企业 3 个月有 1500 万元收入，1 年 6000 万元收入，企业自身是"造血"了，但"造血"的速度赶不上花钱的速度。因为买工程车、施工设备虽然可以用 10 年，但要一次性付钱。最后，这家企业垮了。

本来企业十来个人，做点小生意还活着，也许获得算不上好。企业虽然收入不高，一年五六百万元，企业账上有五六百万元，是这么多年一点一点攒的。这个总经理把收入做上去了，把这五六百万元全花完了，钱没了，因为要投资，投资1000万元；同时，人员、设备都增加10倍，又投资1000万元。靠企业"造血"，1500万元收入，带来300万元净现金流，还差700万元，700万元就把账上的钱"失血"用完了，之后发不出工资，员工就开始离职。

企业发展速度跟开车一样，太快了出事、太慢了熄火，也不能太慢，要保持速度。这个速度不能过高，如果过高的话，就会出现问题，现金流就会断，很多企业现金流断了，不是由于发展太慢，而是由于发展太快。类似的话，投资活动现金净流量相当于"献血"，要想发展快就得多"献血"，从1亿元收入到2亿元收入，要花钱买设备。

所以，作为老板，要懂得企业现金流管控的道理，没有考虑企业的"造血"能力，盲目去"献血"，盲目提高发展速度。

企业发展速度太快了，现金流断了，所以企业会"死掉"。

筹资活动现金净流量大于0好还是小于0好？或正或负，不能永远大于0，也不能永远小于0，这个要具体情况具体分析。筹资活动现金净流量永远大于0也不好，企业每年都增加融资，干什么？如果干正事还行，如果造成"贫血"的话就不好；永远是负的也不好，比如企业每年的利润全部分红也不好，说明企业没有什么发展、没有什么新项目，用不了的钱只能分给股东，让股东去想办法投资。所以筹资活动现金净流量相当于给企业"输血"。

筹资活动现金流量需要具体分析

要不想让企业"失血"，"造血"减"献血"加"输血"就必须大于零。民营企业的"输血"能力是一般都是很有限的，当"输血"水平是零的时候，企业的"献血"速度取决于"造血"能力。一个人一年"献血"400毫升没问题，如果每天献400毫升，人就会受不了。因为"献血"速度远远超过人体自身的"造血"的速度，肯定是把体内的血都抽干了。不是不"造血"，人体时刻都在"造血"，但"造血"的速度没有献血的速度快，所以这就会消耗体内的血液，当把体内血液消耗完的时候，血液就被抽干了，失血而亡。

要不想让企业"失血"，"造血"减"献血"加"输血"就必须大于零

所有企业现金流出现问题，都与人献血的道理是一样的，当"输血"水平是零的时候，"献血"的速度取决于"造血"的能力。反之，发展速度和"献血"速度是正相关的，发展速度快，献血速度就快；发展速度慢，"献血"速度就慢。当然这是正常情况，有的时候，会出现非正常情况，企业业务都没发展，"献血"速度也很快，为什么？企业干了与经营没有关系的事，非经营性项目。

【案例】巨人集团

巨人集团在珠海盖70多层的大楼，跟巨人集团的业务增长没什么关系，那种情况下，"献血"速度快，但是对企业发展没有什么帮助。巨人集团最开始卖脑黄金，铺天盖地打广告，发展速度极快。企

业内部管理混乱、监守自盗的情况比比皆是，跑冒滴漏事情一大堆，即使这样，卖脑黄金也还是赚钱。所以心态不可避免地膨胀，政府也给奖励。巨人大厦刚开始设计是17层，后来经不住外界的诱惑和领导的威逼，"既然盖，还不盖个地标？"最后巨人大厦从17层增加到72层。银行想给贷款，企业还不要，觉得自己有钱。没想到祸不单行，第二年银根紧缩，想用银行钱的时候，银行没钱了；大厦地基塌陷、透水，重新建需要大量资金，老板没有办法，只好把脑黄金大量的流动资金抽掉去盖巨人大厦，大厦还没盖好，现金流就断了。盖一个大厦要花很多钱，要献很多的"血"，"造血"功能那么强，都赶不上"献血"的速度，最后创始人黯然神伤，离开了珠海。

后来，创始人在高管的帮助下重操旧业，卖脑白金，又在股市挣了一大笔钱，把以前欠的钱都还了。还完之后，才重出江湖，后来又把脑白金、黄金搭档全卖掉，重归自己的老本行，做网络、做游戏，直到把巨人集团推到美国上市，创始人也算是功成名就。创始人退休后对高管说"以后巨人集团再盖楼，不允许超过三层"。所以上海健特产业园里，最高的楼

就只有三层。

巨人集团这个案例说明"献血"得考虑"造血",别盲目"献血"。发展速度与"献血"速度正相关,"输血"水平是零的时候,"献血"速度取决于"造血"的能力。企业的"造血"能力是有限的,在企业靠自己"造血"的前提下,发展速度是有限的。只不过企业不同、行业不同,速度就不同,轻资产企业可能会快,重资产企业速度可能就慢。有些类金融企业,可以发展快一点,但也不是无限的,特别是重资产企业。

当企业外部"输血"能力有限的时候,要控制企业的发展速度。尤其是重资产企业,要控制自己的发展速度,不是市场不允许做那么快,是企业的资源不够做那么快,所以得慢慢来。要快只有一个办法,就是靠外部"输血"。外部"输血"最好的方法不是借款,因为借款借得太多杠杆太高。最好的方法就是上市,所以,企业是否上市有的时候不取决于企业自身,而取决于它的竞争对手,先"输血"的企业速度就会加快,其他企业就没有发

展机会了。

【案例】竞争中的外部"输血"

有的时候,两家企业相差无几,一个先上了市,另一个没上,双方一下就拉开差距了。

做洗涤用品的企业,蓝月亮和绿伞。绿伞是全国第一家做洗衣液的企业,是一家北京的企业。绿伞的规模原来比蓝月亮大,但是后来蓝月亮先融资,发展速度加快,和绿伞之间就拉开差距了。绿伞现在明显追赶不上蓝月亮。这个行业是大众领域,大众领域不做规模就是一条死路。

温州有两家鞋企,一家企业是奥康,另一家企业是康奈,两家企业规模差不多,但是走的道路不一样,奥康上市,老板身价100亿元;康奈没上市,被百丽收购,老板身价才20亿元。

所以,要么让自己成为"豪门",实在成为不了,已经失去机会了,只有一个办法,就是嫁入"豪门",让上市企业并购,这也是一条出路。

5.3 导入工具

第一个工具：简化现金流量表

简化现金流量表

××××年××月　　　　　　　　　　　　　　　　　　　　　　　　单位：万元

项目	本期		上年同期	
	本期金额	累计金额	本期金额	累计金额
一、经营性现金净流量				
1. 经营性现金流入量				
A. X1 产品				
B. X2 产品				
C. X3 产品				
2. 经营性现金流出量				
A. 材料采购付现				
B. 生产工人工资				
C. 管理人员工资				
D. 各项间接费用				
E. 各类销售提成				
F. 各种税金付现				
G. 其他				
二、非经营性现金净流量				
1. 非经营性现金流入量				
A. 与集团往来				
B. 与外部往来				
C. 银行（或其他机构）借款				
2. 非经营性现金流出量				
A. 与集团往来				
B. 与外部往来				
C. 银行（或其他机构）还款				
三、现金流量净额				
1. 经营性净现金流				
2. 非经营性净现金流				

现金流这种原理性的东西，其实老板做企业，脑子里是有概念的，只不过没有上升到理论，老板也知道发展越快越缺钱，也了解其原因是什么。

做一家企业需要很多钱，有这么几个地方需要钱。

第一，现金池的钱要增加，100个人的时候和500个人的时候，账上存钱的数量是不一样的。如果企业收入和资产规模都增加了，账上的钱还是像刚开始创业的时候那么少，也是不行的。规模大了，账上的钱就得多，所以现金池的水得增加。

第二，当企业规模增加的时候，需要的营运资金也会增加。管理水平不变的话，销售规模增加一倍，企业存货增加，应收账款增加，应付账款肯定也增加，但是这需要有流动资金，应收账款＋存货－应付账款＝营运资金，营运资金也要增加。在企业管理水平不变的情况下，销售规模与营运资金的需求量是成正比关系的。假设甲企业一年有1亿元的收入，有2000万元存货、3000万元应收账款、1000万元应付账款。企业的营运资金需要垫资4000万元。道理很简单，存货2000万元，应收账款3000万元，这就

垫了5000万元，欠了别人1000万元，自己还垫支4000万元。当销售规模由1亿元变成2亿元的时候，收入增加一倍，存货的管理水平、应收账款的管理水平都不变，那企业的营运资金就不是4000万元了，将会增加到8000万元。企业的存货将由2000万元变成4000万元，应收账款将由3000万元变成6000万元，应付账款因为采购量大了，也会增加，由1000万元变成2000万元。这个时候就会发现，"4000万元＋6000万元－2000万元"，企业需要营运资金8000万元。

所以在管理水平不变的情况下，营运资金的需求额与销售规模是成正比的。同时，由于销售规模的增加，企业的固定投资也会增加，厂房设备、办公设备都要增加，这种增加的资金需求与收入的增长规模不一定成比例关系，但是一定是成正向关系的。比如，现在的产能还没有用完，销售规模增加一倍，不一定再增加完全相同的生产设备，可能生产设备增加一部分就够了。但是销售规模增加一倍，企业的办公设备基本上要增加一倍，因为人员增加了，所以办公设备要增加，关系是正向的。销售规模、

营运资金、固定资产增加，相应垫资金额、投资金额都要增加。但增加的资金从哪来？当然第一个来源，就是企业自己的"造血能力"，自己造血足够多，就不用去外边找。当造血小于企业的需求增加的时候，那就只能从外部融资。当不能获得外部融资的时候，那就会开始消耗体内的血液，最后血液耗干就无力回天了。

现金流管控的工具是老板需要关注、使用的工具。但一家企业现金流的管控，是财务总监的职责，不是老板的职责。所以财务总监对现金流管控所使用的手段和工具，比老板的要更细更多。

老板只需要了解现金流管控的大概情况，但实际要做的工作多得多，整个财务系统里的钱体系，比如资金预测体系要建起来。什么时候进钱，什么时候出钱都是计划好的。当然，在钱很多的情况下，只关注规划花钱就可以了，对进钱的关注可以松一点；如果钱不够的话，什么时候进钱，什么时候花钱，两个方向都要规划。

第二个工具：现金日报表

现金日报表

××××年××月××日 　　　单位：万元

明细	金额	备注
保险柜的钱		
建行账号		
工行账号		
农行账号		
招行账号		
……		
今日余额合计		

编制人：

日期：

从这张报表看，经营活动净流量并没有做那么复杂，有什么就写什么。下面直接写 X1 产品、X2 产品、X3 产品……企业是做什么就写什么，现金流入多少。活期存款利息因为金额太小，不单独列了，就把它和付银行的贷款利息合并在一起。但是财务人员做对外报送的现金流量表的时候，不能那么做，必须该怎么做就怎么做。对老板报送的报表，在不影响老板对企业经营情况判断的前提下，越简单越好。活期存款利息，一年几百元，不影响老板的判断，所以没有必要单独放一行。

现金流出的格式也可以改，根据老板、管理层的需要改。比如，买材料花了这么多钱，发工资花了这么多钱。老板说，"你光告诉我发工资多少不行，你最好告诉我工人工资是多少、管理人员工资是多少、销售部门的提成是多少"。间接费用2000多万元，这么大金额，想知道明细怎么办？要单独做第二层次的报表，也就是明细表，单独解释期间费用2000多万元是什么。

报表一般包括四列数据，"本期金额""本年累计金额""上年同期金额""上年同期累计金额"。如果是8月的报表，"本期金额"就是8月1日～8月31日现金的流入流出情况。第二列"本年累计金额"，是1月1日～8月31日的现金流入流出情况。老板看报表的时候，一定想看本月的，同时也想看一下今年累计数。"上年同期金额"的意思就是上一年度的8月1日～8月31日的现金流情况，"上年同期累计金额"就是上一年度1月1日～8月31日的现金流情况。这四列数字都要填，因为数字只有比较才有意义，只有一个数孤零零的，是看不出什么来的。

比如，张三的工资是一个月5万元，

这是高还是低？可能有人说低，有人说高。说高的人，一定是自己没赚到5万元；说低的人，可能自己的工资比张三高。这是比较来的结果，数字只有比较才有意义。

这是一张给老板、管理层看的简化现金流量表，不要用太专业的词汇，什么"销售商品、提供劳务收到的现金"，把专业词变得直接，不需要翻译，是什么就写什么，做一张流水账的汇总。这张表是非常重要的一张报表，因为它能够表达企业的"日子"，老板最关心这件事。老板关心这个月进来多少钱，从哪进来的，花多少钱，花在哪了，收入多少钱，我欠别人多少钱，别人欠我多少钱。

老板做企业，首先要得到的就是这些经营信息。财务人员要把每个月的现金流量表做得简单，并且每个月提供。并不追求一分钱不差，只要不影响判断就可以了。

第二个工具，现金日报表。什么叫现金日报表？现金流量表是指企业现金流的过去，看过去的目的，是通过看过去来预判未来的情况。所以必须知道过去和现在的现金收支情况，最好还能知道未来的现金收支情况。

现金流量表是过去，现金日报表就是现在，所谓"现在"，就是企业账上现在有多少钱。这个报表可以简化，写上保险柜里有现金多少，各银行账户里存钱多少，然后合计金额是多少；写上日期、时间，比如 2018 年 1 月 11 日 17 点 30 分。每天固定下午 5:30，出纳把这个表做完之后，拍张照片发给老板，不仅发给老板，还发给财务总监和总经理，每一天都发，做成日报。

什么叫日报？一家企业的经营信息，从理论上讲，老板每时每刻都能得到他想要的信息，这是最佳状态。但现有的技术手段，做不到把每时每刻的财务信息都告诉老板。有一些业务的信息，可能是实时的。财务系统是经营信息系统的重要构成，要通过很多经营信息，来判断企业的经营情况。好多经营信息不一定是老板想看的，总经理、销售总监、采购总监、生产总监，负责任不同，看的内容也不同。大量信息，是没有办法做到每一天都给使用者的，甚至做不到每一周都给。当然，有很多信息，也没必要每天都知道、每周都知道。有很多信息，只要每个月知道一次，就可以了。也有一些信息，一个月的时间太长、太滞后了，管理层希望在更短时间内知道，这样才能更了解企业的经营情况。

大部分财务信息，一个月了解一次就够了。但是有一些重要的经营信息，必须每天都知道，要把时间缩短到一天，哪些信息？每天的现金余额和每天的销售额。有一些行业，如做项目的企业，可能就不用每天的销售额了，一年就做两个项目，没有必要知道每天的销售额，知道一个月的订单量就可以了。但是大部分企业，每一天这两个信息是必须提供的。除了这两个信息，还有其他一些业务信息，比如每天的采购量也很重要。

每天知道账上的现金有什么用？有些事只有先相信才能看到，不是看到之后再相信，甚至有时候看到之后都不信。先试验三个月，连续看三个月之后，老板一定会要求出纳继续做这项工作，为什么？因为数字是神奇的，简单的数字连续看，就会发现完全不一样的结果。老板会对企业的现金情况感觉心里特别有底。

这就是数字的魅力。很多老板感觉没钱，但其实是有钱的，只是有多少钱、能干多少事，还是不够准确。现在手里能拿出来多少钱，不知道，算得细的话就知道了，心里就有底了。掌握了有多少钱，能动用多少钱，只要知道想做的事需要花多少钱，就能决定做还是不做，是决定外部融资还是不融资，就这么简单。对资金情况的了解在无形中影响老板的决策。

如果财务人员能做得更好一点，做这么一张表更好，老板知道的信息就更多了，这就是现金日报。依然是按日期、时间，列出"前日余额""本日流入""本日流出""今日余额"，这个表就多提供了一些信息，每一天进多少钱、出多少钱、余额多少。老板每天看这个数字，连续看三个月，就会发现自己对企业的把控更有力量。

动态现金日报表

单位：万元

时间：2018 年 4 月 1 日 17：00	金额	备注
前日余额		
今日流入		
其中：现金		
建行账号		
工行账号		
农行账号		
……		
今日流出		
其中：货款支出		
工资支出		
费用报销		
……		
今日余额		

编制人：

日　　期：

第三个工具：四周滚动付款预测表

四周滚动付款预测表

项目	期初余额	本月				
		第1周	第2周	第3周	第4周	本月合计
现金流入 – 产品						
现金流入 – 售后服务						
现金流入小计						
现金流出 – 原材料						
现金流出 – 人员工资						
现金流出 – 水电气						
现金流出 – 其他费用						
现金流出小计						
经营净现金流总计						
固定资产投资						
股权融资						
银行贷款						
投融资现金流总计						
企业账面资金预计余额						

老板对于企业的现金情况需要有全方位的了解，对过去有了解，对现在有概念，还要考虑未来。未来要花多少钱，有没有钱去支付，所以这张"四周滚动付款预测表"就是工具，当然这个工具并不能够把现金的情况都说清楚，有很多细节的东西需要财务总监去做。

作为老板，要知道未来花多少钱、进多少钱，有时候不一定能预测准确。但是老板也好、财务总监也好，根据对企业业务的理解，应该对未来的资金情况有大概的概念，花钱是有计划的。一家企业里能够随时花钱、不用提前让企业知道的人并不多，只有主要的几个核心成员，包括企业里使用备用金的人。除此之外，董事长、总经理、销售总监都有一些权利，不需要提前告诉股东，就可以临时决定花钱。但除此之外，所有的钱都在企业的计划之内花，如果不是这些人，要计划外花钱需要走计划外的程序，比一般程序要复杂，要做审批，有流程。

关于这个工具，第一，工具的导入需要3~6个月时间，一个月的数据不准确，甚至各个部门都不一定配合。这个工具的导入，需要其他花钱的部门配合，从报表看到的结果，是财务人员汇总各个部门花钱的情况，过程中需要很多工作。

这个工具有一个附属作用。很多老板从来没有周末休息的概念，从周一到周六、周日，天天上班。假如一个老板听长财咨询的课程，周五、周六、周日出来三天，企业就已经有很多人在想念他了，"我们老板干啥去了？""培训去了。""啥时候回来啊？""不知道，估计得下周了"。为什么很多员工会惦记老板，其实不是惦记老板，是惦记什么？不能说惦记老板的钱，是惦记老板的签字，老板周一去上班，肯定有很多人会找他签字拿钱。

关于老板签字这个事，这里展开说一下。很多老板喜欢一支笔，就是所有的花钱都得老板签字。老板的时间是很宝贵的，可以回想一下，天天签字占用多长时间。总是有人敲老板办公室的门，进来找老板签字。老板在讲一个问题，思路被打断了，员工签完字走了。老板刚进入状态，又有人敲门来签字。老板

的工作效率大大降低，干了很多不该干的工作。有老板说"我不签"为什么不签？已经把签字的事情授权给别人签，授权给总经理、某个高管，他来签字就可以了。老板有授权，授权是对的，每家企业都应该有授权体系。但授权也不是瞎授权，授权都有前提，前提就是企业要有相应的内控体系。在没有内控的时候，老板签字，多数的时候都是瞎签；同样，在没有内控的时候，老板授权别人签字，也是授权别人瞎签。

正如前面所讲的，员工吃完饭了，去找老板签字，能实现控制吗？实现不了。又如，企业发工资也要老板签字，老板不签就不发工资了吗？支付供应商的货款老板签字，老板不签字，供应商的钱就不付了吗？企业要有信用体系，老板没在，这钱就不用付了吗？企业有很多的费用是银行托收的，比如电话费，银行直接扣了，钱花了，拿回来的票，老板也要签字。为什么要签，老板不签字，那个钱就不花了吗？

这样看来，老板到底什么时候签，什么时候不签，要看那些字老板签完之后有没有意义。合同老板要签字，发票拿回来入账老板要签字，付款的时候老

板还签字，一天签字占用很长时间。甚至在有些企业，老板签字，签了还不如不签，因为老板签完字的单子就是必须报销的。但是，老板签完字之后，财务就一定要付钱吗？

财务要考虑，第一，该付钱了吗？第二，有发票吗？第三，发票合规吗？第四，付那么多对吗？老板都没有想这些问题，自己签完字，财务就得无条件付款。老板还认为这样效率高，导致业务部门、财务部门产生矛盾。

老板希望财务起到控制的作用，财务本身就有这个职能，但是老板往往破坏了财务的控制职能。是老板自己破坏了，不是别人破坏的。当老板破坏的时候，情商高的财务人员怎么想？"反正你都这样了，又不是我们家的，我得罪这人干啥啊！"就会出现这种局面。老板和财务人员在内部控制方面较劲，矛盾上升之后，最后老板还得付代价，打老板自己的脸。老板签完字，不等于必须付款，财务总监不签字，老板的签字自动作废。

这个"四周滚动付款预测表"工具跟签字有什么关系？事实上，有很多字不需要老板逐笔去签，有这个工具之后，一周老板签字一次就够了，剩下的就是财务的事了。这个表就是企业下一周所有的花钱计划，老板签字的目的，是表明老板知道这个事了，并不等于该付钱了。在这个计划之内的支出，实际付款的时候，业务部门负责走流程，财务部门负责审核。比如，房租、水电、供应商货款、物业、押金等，这些费用，老板知道下一周花那么多钱，真正每一笔钱在支出的时候，由业务部门申请付款，财务部门负责审核和监控就可以了，老板就起到了关键性的作用。

"四周滚动付款预测表"这个工具，一周做一次，一次做四周。这一周做第一周、第二周、第三周、第四周，因为离的时间越久，计划就越不准确，实际上，这四周真正执行的是第一周，过了一周之后，再做一遍四周的报表，把第二周、第三周、第四周修订一下，第二周变成要执行的了，再加上第五周，这样平移过去，每一周进行修订，真正执行的是最近的一周。

当这个表做完之后，各个花钱的部门都汇总上来，老板签字，这个计划内的支出按照程序走就可以了，业务部走流程，财务审核监控。如果在这个计划外花钱，那就需要走另外的流程，这个时候业务部门要请款，这个请款流程就比较复杂了。首先主管的领导签字，其次部门经理签字，再次财务总监要签字，要看有没有钱，最后总经理签字、董事长签字。计划外花钱为什么复杂，就是不想让业务部门走计划外流程。就是让花钱的部门麻烦，因为麻烦几次之后，下次就动脑子，就细心了。经过 3~6 个月，大家都开始重视付款预测了，开始好好做计划。

可能会有人说，"我下周花多少钱，我怎么知道？我也不知道花什么钱，计划赶不上变化"。导入这个工具的时候，业务部门肯定有人会说这话，为什么？他懒得做，他不想做这个事，他就会说计划赶不上变化。那么要问他，"如果未来是不变化的，我们为什么还要做计划？"如果未来是不变化的，就更不需要做计划了。正是因为未来是变化的，所以才做计划，让变化的未来变得具有可预测性。所以"计划赶不上变化"这句话根本就不成立，是错误的，由于有变化所以才计划，由于未来不确定，所以就必须要有计划。

现在流行这么一句话，叫"来一次说走就走的旅行"。有经验的人都知道，说走就走的旅行回来之后，肯定是不爽的。如果是一个人的旅行还好，要是一家人扶老携幼来一次说走就走的旅行，这次旅行一定是失败的。所以去旅行，还是要做攻略、做计划。大部分人都会做家庭的花钱计划，比如今年要去度假一次，在年初就计划好了。家庭的钱怎么花都能做计划，为什么企业的钱不做计划？不做计划会变得手忙脚乱，因此企业一样得做计划，要知道未来花什么钱，每周花多少，好准备这些钱。

还有一个问题，关于"四周滚动付款预测表"，如果做不准，做不好怎么办？在 3~6 个月中，只要计划外的花钱流程非常复杂，花钱的部门为了花钱容易，他们就会往这张表里多做付款预测。付款预测都是有明细的，业务部门也不能任性多做，该不该付，老板、财务都是有检查的，要挤水分。要想挤掉水分，就必须有支出明细，有明细就没有水分。

举个例子，比如出差，员工到广州参加长财咨询的培训课程，从企业借款，借多少？去广州三天，借两万元吧。为什么借两万元？有没有水分，怎么挤掉水分？一般的企业借款，就是买印制好的借款单，写上借多少钱，老板也不知道是多还是少，老板说他借多了，也没有凭据。实际上，花不了这么多，员工回来之后也不着急报销，因为钱没有花完，票还没有凑够。

要想解决这个问题也简单，就是要有明细，要设计一个借款单，这个借款单分好几行。员工要出差，借钱可以，第一行，市内交通费，因为要打车去机场；出差回来之后，还得打车回企业，也是市内交通费。第二行，出差坐飞机，机票借多少；第三行，到外地要住酒店，酒店费借多少；第四行，餐费借多少；第五行，客户招待费借多少；第六行，异地交通费借多少……这样一行一行列明细，有明确支出项目的才可以借。按这个要求去借款的话，就不会有多少水分。这样做的话，三个月时间都不用，企业打车到机场、某个员工从家打车到机场多少钱，全企业的人都知道。报销的时候，借多少、花多少，对比列示，就可以知道借得多了还是少了。

所以，支出有明细之后，水分就容易被挤掉。花什么钱，不是拍脑袋，比如，下个月要付200万元，付什么钱？请列明细。这叫质询，财务在审核付款计划的时候，要对花钱计划进行质询，这样有水分就露馅。

当然，还有其他的现金流管控工具。

未来如何花钱知道了，未来进多少钱知道吗？但是那个不着急，先导入这个工具，熟悉之后再进一步升级。不仅花钱、收钱都要知道，而且要预计未来一年的收付款计划，不是四周时间，完善之后，有周计划、月计划、季度计划和年度计划。可能有人想，"我们哪有那么多时间干这个事？"这叫习惯，习惯了就好，习惯之后就会发现做计划并不会降低企业的效率。

5.4 现金流管控的评价指标

上面是用于现金流管控的工具，那么，如何对现金流管控情况做评价？需要一些指标。

第一个指标，经营活动净现金流。这是"造血"的部分，企业每个月产生多少经营活动净现金流是要掌握的。如果是−50万元，那就不是"造血"，而是"失血"了。企业花钱是要充分考虑"造血"计划的，如果"造血"实现了目标，花钱按照"造血"去设计，企业的现金流就不会出现问题。经营活动净现金流是一个动态指标。

第二个指标，财务杠杆，这是现金

流管控的结果，好与坏最后的结果。财务杠杆等于资产总额除以权益合计金额，这两个数据都来自资产负债表。如果资产总额是 2 元，权益合计金额是 1 元，那么财务杠杆就是 2；如果资产总额是 3 元，权益合计金额是 1 元，那么财务杠杆就是 3。财务杠杆是一个重要的概念，中国大部分企业，尤其是国有企业的财务杠杆都比较高，中国整个社会的杠杆也比较高。

第 6 章　**运营管控**

6.1 什么叫运营

中国的企业，治理结构包括股东会（股东大会）、董事会、监事会，并设置董事长、经理、副经理、财务负责人等。负责运营的是经理，一般叫总经理。有的董事长不叫董事长，叫董事局主席，总经理不叫总经理，叫总裁，其实都是一样的。

> **广义的运营，是指企业的整体运作，负责人是董事长**

广义的运营，是指企业的整体运作，负责人是董事长；狭义的运营，是指企业产供销业务的运营，平时说的运营就是经营，负责人是总经理。

企业资源与经营结果之间的桥梁就是运营。运营的目的，是利用企业控制的资源得到期望的结果。利润表、现金流量表，就是运营结果的表达，资产负债表的期初数就是企业可利用的资源，期末数就是一段期间运营后的结果，同时是下一期间企业可利用的资源。

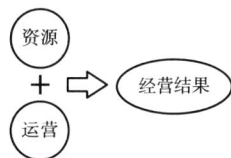

财务报表数据不代表企业全部资源和全部结果，比如，人力的资源没在里面，结果也没在里面。例如，企业2017年培养了两个总监，也是企业运营的结果，但这个结果并没有在财务报表里体现。财务报表所表达的资源和结果，都是可以用货币计量的，货币计量就是用钱算数，所以也是最让人信服的资源。

【案例】企业实力的体现

一家企业去银行贷款，对银行说，"我们的品牌历史悠久，我们的技术先进，我们的产品质量一流，我们的团队优秀"。说的都挺好，然后请银行贷款5000万元。银行真正给钱的时候，还是会说，"你把你们的报表拿过来给我们看一下"。一看报表，企业是亏损的。前面说了一堆好处，但企业是亏损的。当银行看到亏损的报表之后，肯定不信企业的话。如果企业真好，那就应该利润高，赚的钱更多，亏钱就说明不好。所以财务报表展示的资源是最让人信服的。

结果与投入资源之间的关系，体现了管理团队的运营能力。一家企业有两个要素，一个要素是资源，另一个要素是能力。企业运营资源的能力好、资源多，结果就好。资源和结果之间的桥梁就是运营能力，运营能力强还是弱，是可以算出来的。资源 × 能力 = 结果，用这个公式可以推出来，能力 = 结果 / 资源。企业的经营能力如何，用嘴说不行，要用数字来表达。

所以，一个结果和一个资源之间建立联系，就是一种能力的表达。比如，今

年甲企业收入6亿元，这是结果；企业有1000人，这是资源；6亿元除以1000，得到的是什么？是一个能力，人的能力，叫人均单产。明白这个公式之后，每家企业都可以根据自己的行业特点设计指标，行业不一样，指标不一样。比如酒店，酒店的收入是个结果，酒店的房间数是资源，酒店的收入与房间数的关系指标，收入除以房间数，也是一种能力的表达。当然，实际应用中不这么计算，需要进一步推导，酒店的收入和入住的次数有关系，入住次数乘以单价就是收入，既然收入和入住次数是一回事，只是中间差了个单价，而且单价是确定的，所以酒店收入可以换一个衡量指标，用入住次数作为结果，房间数作为资源，入住次数除以房间数，算完以后就是入住率。

又如餐饮企业，桌位是资源，吃饭的次数是结果，结果除以资源，那就是上座率。营业面积是资源，营业额是结果，计算出来单位面积营业额，叫坪效，这都是体现管理团队能力的指标。

人均单产这个指标很多企业老板都要看，尤其是服务行业，因为服务行业是以人为重要资源的，靠人来做服务。对于做工程项目的企业，收入的数字其实不重

要，更重要的一个指标叫订单量。因为做工程项目，这个单子今天签完明天干，今年签完明年干，订单的数字比收入的数字还重要。只要知道订单量，就能知道未来一段时间内的收入大概是多少。比如，上市企业中国建筑经常公告签了多少单，当公告订单量的时候，这个订单并不是马上就做，企业签完合同之后，后面形成收入还是需要很长时间的，可能是明年的事，但是这个订单量预示了未来的结果，所以订单量是很重要的指标，买建筑类企业的股票，要关注订单量。

再更专业一点，企业的存货是资源，收入是结果，收入与存货之间的关系就是存货周转率，是衡量运营能力的指标；应收账款是资源，收入是结果，收入和应收账款的关系，算完之后叫应收账款周转率，能够推导出账期。

企业总资产是资源，收入是结果，计算出来指标叫总资产周转率。这些指标都代表管理团队，包括总经理、销售总监、采购总监、生产总监等的运营能力。对于整个团队运营能力负责的是总经理。总经理一个人也不能承担所有责任，所以总经理要把责任往下分解。

假设甲企业 2017 年利润 5000 万元，

这是结果，老板给企业投资了 10 亿元，这 10 亿元是资源，5000 万元除以 10 亿元，这是投资回报率。所以投资回报率也是管理团队能力的指标，去年做了 20%，今年做了 30%，投资回报率上升，说明团队管理能力强。

经营企业，能力重要，资源同样重要。很多企业，刚开始没有资源，也想搞创新、搞研发，但是没有钱，没有资源，搞不了。所以企业发展有两条道路，一条道路是贸工技，另一条道路是技工贸。80% 以上的企业走的都是贸工技，为什么？刚开始创业时的那点钱，还不够给研发的博士发半个月工资，所以得先做贸易、批发或者代理商，慢慢做，积累点钱。钱多了之后，买块地，再建工厂，开始自己生产，生产销售一体化。后来发现自己生产需要创新，所以成立研发部，招几个研发人员，搞产品研究，这就是贸工技道路。

什么叫技工贸？就是先不赚钱，先招聘全球知名的科学家，先搞研究，研究完实验室出了产品，再商品化、工业化、批量化，开始建工厂、买设备，把产品生产出来，卖掉赚钱，这条路没有资源支撑走不了。

6.2 运营效率的评价和技术原理

运营能力的几个指标：

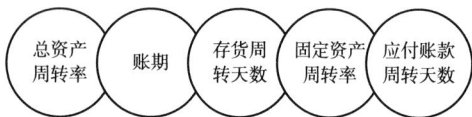

总资产周转率 账期 存货周转天数 固定资产周转率 应付账款周转天数

第一，总资产周转率，

$$总资产周转率 = \frac{销售收入}{平均运营资产总额} \times 100\%$$

如果资产中有部分不是用于运营的，比如买了块地就要剔除，只计算运营用的资产。这是一个综合指标，建立销售规模与资源总占用、投资总额之间的关系，这个指标负责人是总经理，用于考核总经理的效率高与低，企业资金的使用效率的高与低。

第二，应收账款周转天数，就是账期。

$$应收账款周转天数 = \frac{期间时长}{\frac{销售收入}{平均应收账款余额}}$$

企业在形成相同的销售收入情况下，应收账款越少越好，应收账款越少，资金转得越快。应收账款是对企业资金的占用，例如，占用了5000万元资金形成了1亿元的收入，这个效率是很慢的，账期就是半年；如果2000万元的应收账款，6000万元的收入，就是一年转三圈，账期四个月。当然账期越短，效率就越高。

第三，存货周转天数。

$$存货周转天数 = \frac{期间时长}{\frac{销售成本}{平均存货余额}}$$

这个指标建立了销售量与存货之间的关系，反映存货的周转速度。

此外，表示运营能力的指标还有固定资产周转率、应付账款周转天数等。运营能力指标表现越好，表示企业的效率越高，那么企业在现有资源投入的情况下，赚钱就越多。

【案例】存货周转率与投资回报

老刘的老婆给老刘投入10000元，让老刘到批发市场批发手机零配件，然后到路边摆摊销售。一个月，老刘把这些货全部卖完，卖了15000元，赚了50%。老

周转速度对投资回报率的影响

时间	第一个月			第二个月		
投入情况	单次	次数	总额	单次	次数	总额
购货成本	10000 元	1	10000 元	2500 元	4	10000 元
销售收入	15000 元	1	15000 元	3750 元	4	15000 元
赢利			5000 元			5000 元
回报率	50%			200%		

刘把赚的 5000 元上交给他老婆，又拿着 10000 元去进货。选好了 10000 元的货，要付款的时候，发现钱被偷了。只得如实向老婆汇报。挨了一顿臭骂之后，生活还得继续，于是老婆把刚收到手里的 5000 元分成两份，一份 2500 元留着给孩子买奶粉，另一份 2500 元交给老刘让他继续进货。

老刘只好硬着头皮，拿着 2500 元又去做生意。这次进了 2500 元的货，情况还不错，2500 元的货一周之内卖完了，还是赚 50%，赚了 1250 元。赶紧把赚的 1250 元交给老婆，作为孩子奶粉钱。拿着 2500 元又去批发，批发回来又卖了一周，赚了 1250 元；再去批发……最后，一共批发了四次货，卖了四次货。

那么，第二个月，老刘一共卖了多少钱？15000 元。赚了多少钱？第二个月和第一个月销售量是一样的，赚的钱也是一样的，5000 元。进了四次货，每次 2500 元，一共进货 10000 元，赚 50%，所以第二个月也是赚 5000 元。

那么，问题来了，老刘第二个月赚 5000 元，和第一个月赚 5000 元，都是 5000 元，一样吗？不一样，因为第一个月，老婆给老刘投资 10000 元，老刘给老婆的回报率是 50%；第二个月，老刘还是赚 5000 元，但是老婆给老刘的投资只有 2500 元，所以老刘给老婆的回报率是 200%。

周转速度对投资回报率的影响

从这个案例可以看出，提高存货资源的使用率，第一个月转一圈，第二个月是转四圈，效率提高四倍，所以回报率提高四倍。一家企业回报率比竞争对手高四倍，就有降价的空间，如果竞争对手跟着降价，那就要被挤死了。

6.3 财务运营模式设计

什么叫财务运营模式？就是一家企业赚钱是有道理、有方法的。先看一个数学模型，投资回报率＝利润／权益，这个公式又可以进一步演绎如下图。

投资回报率

＝利润／权益

$$= \frac{利润}{收入} \times \frac{收入}{资产总额} \times \frac{资产总额}{权益}$$

＝销售利润率×总资产周转率×财务杠杆

作为股东，最关心的是投资回报率，投资回报率是股东对总经理的评价指标。比如，股东要求总经理以及他的管理团队做到投资回报率为30%，那么如何做到？

从模型可以看出，投资回报率是销售利润率、总资产周转率和财务杠杆共同作用的结果。

这样，投资回报率就可以分解成前面讲过的十几个指标。所以，企业的投资回报率由"三匹马"决定，三个指标就是这"三匹马"，"三匹马"用力不同，企业的运营模式就不一样。

如果不考虑管理角度，仅从决策的角度来看，投资回报率都是30%时，在低成本模式下，企业有较高的销售利润率；在轻资产模式下，企业投入资产较少，资金周转很快；在类金融模式下，企业大量借入资金，"借鸡生蛋"，相应的，企业的财务风险较高。三种模式无所谓优劣。很多人觉得轻资产模式好，风险小。但是，投入重资产实质上是建立了企业的"护城河"，屏蔽了很多竞争对手，这样企业就可以获取较高的销售利润率。

所以，每个行业、每种产品，哪种模式合适就用哪种模式。但关键是决策者需要知道哪个模式合适，对行业有深入的了解。作为一家企业的总经理，需

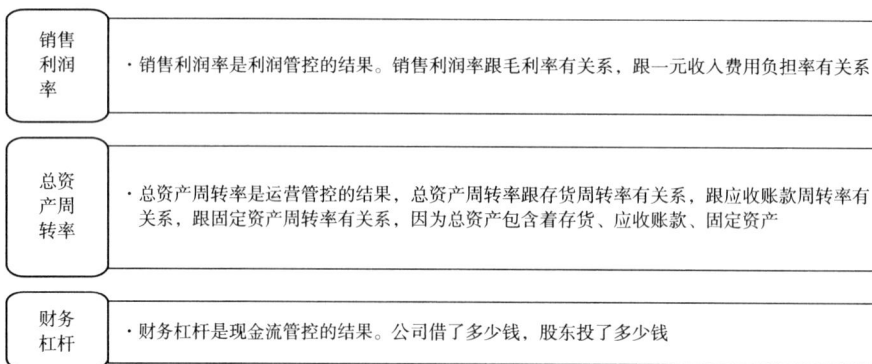

销售利润率	·销售利润率是利润管控的结果。销售利润率跟毛利率有关系，跟一元收入费用负担率有关系
总资产周转率	·总资产周转率是运营管控的结果，总资产周转率跟存货周转率有关系，跟应收账款周转率有关系，跟固定资产周转率有关系，因为总资产包含着存货、应收账款、固定资产
财务杠杆	·财务杠杆是现金流管控的结果。公司借了多少钱，股东投了多少钱

要深入分析企业所有产品的特性，有的产品适合低成本模式，有的产品适合轻资产模式；有的产品需要提价，有的产品需要降价，然后通过提高效率去抵消降价带来的不利影响。

企业赚钱是需要规划的

理解上面的公式之后，老板、管理层就会发现，企业赚钱是需要规划的。规划销售利润率为 5%，这个 5% 确定之后，管理层才能好做利润管控，有管控的目标。假设，企业今年要实现 1000 万元利润、5000 万元收入，保证 20% 的销售利润率，凭什么这样假设？管理层做利润管控的时候，必须按照 20% 的销售利润率来设计，如果成本压不下去，就要提价，怎样提价？需要一系列规划。每家企业都要找到适合自己的最佳模式，

最佳模式就是三个指标相乘的结果最大。

企业在品牌和赚钱之间，先选择哪一个？建议先选择赚钱。有些企业过高的估计自己的品牌，认为自己的品牌很好，所以产品定价偏高，想走高利润率模式。但产品价格定高之后，发现根本不行，产品根本就卖不掉。那么可以采取另一个办法，把产品售价调低，采用第轻资产模式。不一定是要把资产卖掉，而是要提高企业的经营效率，销售量提高，销售额增加，资产不变的情况下，总资产周转率也就提升上去了。

赚钱三条路：效率、效益、风险

提醒企业家们，要想赚钱有三条路，第一个是效率，第二个是效益，第三个是风险。未来，中国的企业大部分要向效率转型，就是要提高第二个指标，转向轻资产模式，即便在资产不变的情况下，也要

企业的三种运营模式

运营模式	销售利润率	总资产周转率	财务杠杆	投资回报率
低成本模式	30%	0.5	2	30%
轻资产模式	5%	6	1	30%
类金融模式	5%	1	6	30%

提高资产使用效率，通过管理效率提升，达到第二个指标的提升。所谓管理转型，就是提高效率。

6.4　运营风险控制

企业运营过程是有很多风险的，无法避免，要通过企业的内控体系去应对。运营风险主要有战略风险、系统风险、财务风险、税务风险、经营风险、外部风险等。

有很多企业没有清晰的战略方向，这是致命的风险。在刚开始创业的时候，不用谈什么战略，执行比规划重要。但是随着企业的规模越来越大，度过了创业生存期，就必须有清晰的战略方向。如果企业的掌舵人说，"我们从来没想过这个事，我们就走一步看一步"。看不到，怎么能走得到？当一家企业战略非常清晰的时候，无论有多么难，无论战略目标远还是近，历经千辛万苦，总会达到，伟大也是这么熬出来的。

战略风险

如果一家企业的员工这么问老板，"我们企业未来的方向是什么，五年后，我们企业将变成什么样？"老板答，"我也不知道"。员工一定想，"我不能把青春浪费在你的身上"，他一定会去寻找有方向、有目标的老板。目标会凝聚很多人才，先告诉大家："我们的目标是这样子的。"但它不是妄想、梦想，能实现的叫战略目标，不能实现的才是梦想，也许就只能做梦。

系统风险

这里的"系统风险"并不是炒股票的教材里讲的"系统性风险"，而是企业管理系统不完善所带来的风险。

每一家能够在激烈的市场竞争中存活下来的企业都有其成功之处。但是，每一家企业的创业成功，和老板的个人因素都有相当大的关系。老板都成功了，但是性格不同，

战略风险 ⌒ 系统风险 ⌒ 财务风险 ⌒ 税务风险 ⌒ 经营风险 ⌒ 外部风险

有性格的优点，也就自然有性格的缺点。

比如，有一种老板是关系型的，企业之所以走到今天，就是靠关系，这种关系的资源成就了企业的今天。这种关系型老板，往往比较仗义。但这个仗义，在做企业的时候，其实也是缺陷。老板经常用一种侠义之气或情分去解决问题，但做企业，最终还是要讲本分，还是要讲科学的方式。

还有一些老板是管控型的老板，思维很缜密，系统思维很厉害，做任何事情之前，都要从头到尾想明白。做企业，怎么退出都要想明白，瞻前顾后，所有事情都要考虑好。这样的老板，做事不容易出现什么大问题，有他的优势。但劣势是什么？劣势是做不大。

老板的类型可以不一样，但企业到了一定的规模，就必须去建设企业的管理体系，必须要系统化考虑问题。不仅财务体系，还有战略体系、激励体系等，都是要充分考虑的。所以很多老板二次创业的时候，一开始系统化考虑的问题就比较多，甚至花几十万元请咨询顾问，先把事情从头到尾都想明白。

企业到了一定的阶段，就必须完善企业的管理体系，建财务系统、组织系统、营销系统，企业过了生存期以后，影响企业扩张的一个重要因素就是管控系统，也就是企业的成熟度够不够。当然这只是一个重要因素，还有一些别的因素，战略与方向、员工素质与结构、老板的分权能力等。

外部风险是来自企业外部的政治、经济、文化等因素的风险，比如，老板跟政客离得太近，这个政客下马了，老板也就可能跟着下马了。热播电视剧《人民的名义》里有一句台词，王大陆跟达康书记说："我知道你在躲我，其实根本没有必要，就是你不躲我，我都躲你，知道吧，有一天你下台之后，把我也带进去了。"说的就是这种风险。

第 7 章　财务人员管控

财务人员管控也是一个重要的课题，因为管理没有人是不行的。财务人员管控要先解决信赖的问题。信赖不是依赖。信赖是企业最大的隐形成本，企业如果建立了信赖，成本会降低，没有信赖的话，成本就很高。企业所做的事都要建立在信赖上，先有本分才有情分，讲本分照样也得有信赖。

财务总监不能把自己当外人，但也不能把自己太不当外人

老板和财务总监之间必须建立完全的信赖。老板信赖财务总监，并不是说财务总监就可以为所欲为，财务总监就能代表老板。从财务总监的角度怎么去理解这个信赖？财务总监不能把自己当外人，但也不能把自己太不当外人。财务总监把自己当外人的比较多，很多事情，财务总监应

该过问，但是忍住了没说，原因是什么？老板并没有明确授权，财务总监害怕别人说他"狗拿耗子"。财务总监什么都可以管，只要跟企业的钱、成本有关的，财务总监都可以过问。比如，财务总监可以随时向供应商询价。

财务除了有监督职能，更重要的职能是服务！

财务总监在做事的时候，不能总是以监督者的身份出现。别忘了，财务除了监督职能，还有一个更重要的职能是服务。不能只以监督者身份出现，还要以服务者的身份出现。财务是手持尚方宝剑的，但是不能谁也不怕。财务总监要以服务者的身份出现，对其他部门的态度永远是"我能帮你干点什么？"要隐藏锋芒，但是该严格管理的时候就必须

板起面孔，一刀见血，否则企业的风险就无从把控。

财务总监讲原则的同时，玩转平衡！

财务总监要讲原则，这是一个需要原则的岗位。财务人员和营销人员在性格方面的要求是不一样的，企业在选择财务人员做性格测评的时候，要选择逻辑性强、对钱的欲望不强的人；而选营销人员，就得选爱享受、赶着赚、赶着花的人。财务总监要讲原则，但也要有一定的灵活性，否则不近人情，有些事情就会弄僵了。

空降财务总监需要至少三个月时间适应！

老板首先要有开诚布公的心态，如果总想着"他可信吗？我凭啥信他？他要信我，我就信他"，老板和财务总监之间就永远建立不起信赖。任何一个财务人员，跳槽进来的也好，企业内部升职的也好，他一定想过要好好干，但后面的结果却不一定是这样。为什么？也许原因是老板不信任他，工作没法开展。

【案例】

有的企业，"空降"了一个财务总监，老板给他的压力很大，对财务总监说，"在这个领域我不懂，你是我的老师"。这是董事长说话的方式吗？董事长该骂就骂，该说就说。董事长这样客气，实际上表明不信任，财务总监也能体会到。

爱和信任都能感受到。财务人员也能感受到老板不信任他，所以根本就没法开展工作。财务总监要想改点什么，动点什么，业务部门还得琢磨，"这是老板的意思吗？"害怕今天改了明天财务总监就走了，所以业务部门不会配合。

任何一个财务负责人、财务总监，无论他原来在哪里工作，就算是在同行的竞争对手那里工作，跳槽以后也都有一个适应的过程，这个过程一般需要三个月。也就是企业从外面招聘一个财务总监，即使他在别的地方做过财务总监，但是离开原有的土壤，身份变换了，由原来的"产成品"变成了"半成品"，必须用三个月左右的时间适应新企业。所以，在招聘财务人员的时候，特别是高层财务人员，必须给他适应时间。不能刚刚招聘进来，马上让他建财务系统，得给他时间和充分的信赖。

老板与财务总监之间的信赖怎样建立

老板和财务总监建立信赖特别容易，因为是有上级和下级的关系，只要老板先选择信赖，伸出橄榄枝，这个信赖会迅速建立起来。

民营企业中常见的财务高管错位和归位

民营企业当中，还有一种常见的现象，就是财务总监错位。何谓错位？比如老板娘当出纳，财务总监负责管出纳。如果老板娘是企业的财务人员，那就索性直接把老板娘提高级别，一定要提到财务总监之上，不要放在财务总监下面。放在财务总监下面就是一种错位。

还有一种错位，明明根本不是财务总监，甚至财务经理都不够格，企业规模很小，只有一个会计，一个出纳，却非要印个名片上写财务总监。这样做会让这个人产生误判。老板的想法，钱不给，头衔还是可以给的，但老板要知道，这个名头给错了，可能将来的成本会更高。

【案例】错位与归位

曾经有这样的一家企业，两个办公室面对面，一间办公室挂"财务总监"牌子，另一间办公室挂"CFO"牌子。谁管谁？不知道。原来，这个老板先招了一个人，直接给他"财务总监"头衔，但是，有些事他又干不了。后来一个更合适的人来了，不能还叫"财务总监"，没办法，只好给这个后来的人"CFO"的头衔。

所以，如果是主管的岗位，就叫主管，如果是经理的岗位，就叫经理。企业财务部门的最高级别不一定要顶格，可以空着，需要更高级别的人的时候再招一个人放在这个位子上。

把一个主管称为财务总监，名片印"某某财务总监"。时间长了，他自己就觉得"我就是财务总监"，自信有必要，但他会开始与别人比收入，一看别的财务总监，一年工资50万元，自己一年才6万元。慢慢心里就开始不平衡、有想法，就可能辞职不干。

这就是由于企业职务错位，导致他们的误判。这可能会让企业承担很多成本。管理人员闹情绪、闹离职。企业还要重新招人，试错成本很高。所以该是什么就是什么，要各归各位。

7.1 对财务人员的要求

对财务人员只有三个要求：第一，忠诚；第二，专业；第三，职业。

第一个要求：忠诚

第一个要求，忠诚。忠诚不是拍马屁，忠诚是一种品格，而非一种态度，与对方无关。人和人是不一样的，有些人天生比较忠诚。企业要选择忠诚度高的人做财务，"这企业给的钱多，我干，我就永远不离职"，这不是忠诚；"你好也好，坏也好，都是我对你的一种选择，不合适我可以走人"，这是忠诚，忠诚的人永远不会"坏"事。这是一个人的品格，"这个平台不适合我了，我可以走，但我绝不会走之前坏点什么事"。会"坏"事的人绝对不能用在财务岗位，否则损失无法预估。

第二个要求：专业

第二个要求，专业。财务毕竟是一个专业度比较高的岗位，必须选择专业性强的人。不能说办公室主任或者司机对老板特别忠诚，就让办公室主任、司机转职做财务总监。

第三个要求：职业

第三个要求，职业。财务总监是一个职业经理人，不能把自己当外人，也不能太不把自己当外人，要有职业性。

【案例】财务总监的审批授权使用

企业往往会给财务总监一定额度的审批授权，比如，3000元以下的费用，不用老板签字就可以报销。这个授权是授财务总监去监控别人的，不是监控财务总监自己的。有的时候，财务总监也花钱，请大家吃个饭，做个团队建设，结果花了两三千元。按道理讲，财务总监应该付钱，去找老板签字，自己不能签自己的报销单。但是，财务总监使个眼色，小会计特别聪明就去付钱，付完钱回来一看，4000元，马上都不用问，开两张发票，之后小会计拿着单子找财务总监签字报销。

这就是职业性太差了，本来财务总监管别人不能干这种事，结果财务总监自己这么干，没有底线，不可原谅。

7.2　财务汇报线

财务总监与总经理是合作关系，不是领导与被领导、评价与被评价、聘用与解聘的关系，简单地说，财务总监好与坏、去与留，总经理说了不算。财务总监向董事会汇报，也向总经理汇报；但是，财务总监报给董事会的材料数据，不需要经过总经理批准，也就是财务总监向董事会 / 董事长负责。

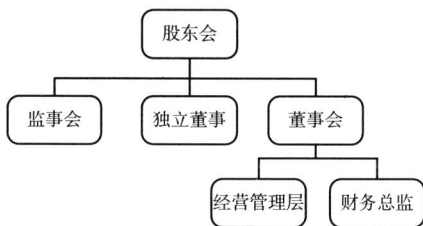

```
              股东会
    ┌───────────┼───────────┐
  监事会     独立董事      董事会
                    ┌───────┴───────┐
                经营管理层       财务总监
```

【案例】某企业老板休假，财务总监和总经理两个人私自给企业贷款，借了好几千万元，最后还不上，企业的账户被冻结了。总经理哪有贷款的权力？那是董事长的权力，财务总监为什么不向董事长汇报？因为他是总经理的亲信，

更信任总经理。所以汇报线错误，会导致很多问题。

7.3　财务负责人的定位

财务负责人具有很高的级别，第一，财务负责人是战略管理专家。企业的财务水平分为三个层次，第一个层次是税务会计＋出纳；第二个层次是财务会计＋资金管理；第三个层次是管理会计＋资本运作。如果企业的财务水平达到第三个层次，财务总监就是一个战略管理专家。

第二，财务总监是老板的合作伙伴。打工的最高境界是把自己打成股东，而不是来回跳槽，所以财务人员最好绑定一个人，一直做下去。老板能够找到一个和自己走得长远的财务总监，双方有信赖关系是一件幸事，这个人会发挥很多作用。财务总监作为老板的合作伙伴，当然要有高度，不能小肚鸡肠。

第三，财务总监是董事会的大管家。

第四，财务总监是高管的贴身顾问。

第五，财务总监是企业管理变革的设计师。企业管理的变革，财务总监要起重要的领导作用。企业整个组织架构调

整、管理变革、系统化、绩效考核等都离不开财务总监。很多企业做绩效考核，人力资源部门和咨询企业随便提出几个指标就开始考核，这是行不通的。财务总监应该是企业绩效考核领导小组的重要成员，有很多指标的数据是需要财务总监提供的，指标都没有怎么考核？管理变革的设计师，这也应当是财务负责人的定位，达到这个高度，那才是真正的财务总监。财务总监要替企业、老板管理企业战略，完成战略实现的路径和目标的分解；财务总监要能够为企业的高管提供顾问式服务。很多企业中财务总监会成为 CEO 的接班人，比如万科的郁亮、阿里巴巴的蔡崇信。

财务总监一定是要有思想高度的，这有时候比能力更重要。有些特别优秀的财务总监，都不是学财务出身的，不会做账。只要企业规模够大，不会做账不等于不是好的财务总监。如果企业只有两个会计，不会做账就麻烦了。但是如果企业规模很大，有很多会计人员，那个时候财务总监不需要会做账。所以财务总监是一个外延性比较强的岗位，销售要懂、采购要懂，方方面面都要懂。财务总监还可以转岗，做营销总监、运营总监、总经理。在

世界 500 强的外企里，有一半 CEO 都是财务总监出身。

7.4　财务人员的招聘

招聘属于人力资源的工作范畴，但是，一个财务人员是否适合，是财务总监说了算。人力资源部门找来候选者，第一轮面试是人力资源部门进行的，第二轮面试是财务总监来进行的，是否入职、入职之后的考核，都是财务总监说了算。招聘工作要按照固定的程序执行，遵循招聘工作任务清单逐项进行。

【管理工具】财务部门招聘工作任务清单

好的招聘任务清单帮助业务经理和人事经理有计划、按步骤完成招聘任务，从而尽量避免导致招聘失败的关键或重要步骤。

· 仔细研究论证招聘需求，考虑能否通过改进流程，减少不必要的工作或工作拆分的方式达到不招人而改进效率的目的。

· 召集招聘需求讨论会，邀请业务经理、人事经理或招聘专员及业务部门相关人员参加，共同讨论和决定职位工作内容

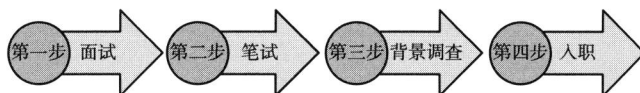

第一步 面试 ▶ 第二步 笔试 ▶ 第三步 背景调查 ▶ 第四步 入职 ▶

以及拟招聘职位对人的要求（包括学历、经验、资格、性格等），并将这些要求按重要性进行排序，形成职位说明书。

· 由人事部门根据职位说明书，草

面试登记表

应聘岗位：   面试日期：

姓名		性别		出生年月		政治面貌		
民族		婚否		健康状况		外语水平		
身份证号码			户籍		籍贯			（贴照片处）
现在住址								
联系电话				邮政编码				
毕业院校				毕业时间				
所学专业				学历		学位		

工作经历		
起止时间	单位名称	职务

教育经历			
入学时间	毕业时间	学校名称	所学专业

推荐或证明人			
姓名	职务	工作单位	联系电话

离开原单位原因		原单位收入	
加入本单位原因		期望收入	元／月
最快入职时间		其他问题	

拟招聘广告（一般包括企业介绍、职位名称、职责描述、人员要求、联系方式等）。

· 讨论决定该职位的薪酬范围。

· 在企业内部告示栏公布职位信息以吸引内部人才或内部推荐。

· 将招聘职位发布到合适的外部广告媒体，也可以告知中介机构或猎头企业。

· 搜集整理收到的简历。

· 评估每份简历与招聘要求的匹配度（包括经验、技能及薪酬期望等），进而筛选出一定数量的合适的简历。

· 通知候选人第一轮面试，可以面对面，也可以通过电话，清楚地告诉候选人时间、地点以及面试可能持续的时间。

· 候选人到达企业后，准备企业统一的面试登记表请候选人填写。

· 提供给候选人一份招聘职位描述供参考。

· 在面试过程中注意观察候选人在关于该职位的关键评估点上的表现。

· 在面试中，向候选人介绍企业的基本情况，职位的要求及你的期望。

· 面试后，与人事部门一起对每一位参加面试人员填写候选人面试评估表。

· 第一轮面试结束后与人事部门讨论决定哪个（些）候选人进入第二轮面试。

· 与人事部门讨论或根据企业招聘规则决定第二轮面试的参加人（可能是人事经理，直线经理的上级或其他可以直接影响用人决定的人）。

· 组织第二轮面试。

· 在第二轮面试中重点考察候选人的文化与团队适应性、技术资格、客户导向性、责任心等企业希望该职位人员必备的关键素质。

· 如果有笔试，请候选人参与并评估。

· 面试主持人填写候选人面试评分表。

· 根据以上结果，与人事部门共同确定符合条件的最终人选。

· 人事部门做资格调查（比如向其推荐人打电话核实，或查看其资格证书）。

· 未能通过资格调查的人选将被考虑剔除。

· 如果通过以上过程没有合适人选，则需要重新搜集简历及候选人名单。

· 人事部门与相关部门经理讨论决定提供给合适人选的薪酬计划。

· 打电话给候选人告知其企业为此职位提供的薪酬，了解候选人是否同意，如同意，向其签发正式的录用通知书。

· 将正式录用通知书连同竞业禁止及保密协议一同请候选人签字。

· 确定入职时间。

面试的细节。尽管有简历，面试之前也得填写面试登记表。因为简历有可能被修饰过，现场填写的更加真实；面试时，可以先按照结构化题库进行面试，再进入任意提问面试，记住预留时间给应聘者提问。面试结束要填写面试评价表，把面试过程中的一些事项做一些记录，作为选择应聘者的依据。

【工具】结构化面试题库

一、简单寒暄

1. 您怎么过来的？交通还方便吧？

2. 您来自哪里？（简单与面试者聊聊他出生地的特点）

二、观或听

1. 衣着整齐度

2. 精神面貌

3. 行、坐、立动作

4. 口头禅、礼貌用语等

三、口头表达能力（注意语言逻辑性、用语修辞度、口头禅、语言波幅等）

1. 请您先用3~5分钟的时间介绍一下自己吧！

2. 您先说说您最近服务的这家企业（由简历而定）的基本情况吧（规模、产品、市场）！

3. 您在目前工作岗位中主要有哪些工作内容？主要的顾客有哪些？

4. 请您简要介绍一下自己的求学经历。

5. 请您简要介绍一下自己的成长历程。

四、灵活应变能力（也涉及工作态度）

1. 您为何要离开目前服务的这家企业？（答案可能是待遇或成长空间或人际氛围或其他，待回答完毕后继续发问）；您跟您的主管或直接上司有没有针对以上问题沟通过？（如果没有，问其原因；如果有，问其过程和结果）

2. 除了简历上的工作经历，您还会去关注哪些领域（或有没有其他潜在的兴趣或是否想过去尝试、从事的其他职业）？（若有，继续发问）您觉得这跟您目前要从事的职业有哪些利弊关系？（若无，继续发问）您不觉得您的知识结构有些狭窄或兴趣较贫乏，说说未来的改善计划？

3. 您在选择工作中更看重的是什么？（可能是成长空间、培训机会、发挥平台、薪酬等答案);(若薪酬不排在第一位，

【工具】面试评价表

评价人姓名：　　　　职务：　　　　　　　　　　　　　　面试时间：

应聘人姓名：　　　　性别：　　　年龄：　　　　编号：

应聘职位：　　　　　原单位：

评价方向	评价要素	评价等级				
		1（差）	2（较差）	3（一般）	4（较好）	5（好）
个人基本素质评价	1. 仪容					
	2. 语言表达能力					
	3. 亲和力和感染力					
	4. 诚实度					
	5. 时间观念与纪律观念					
	6. 人格成熟程度（情绪稳定性、心理健康等）					
	7. 思维逻辑性，条理性					
	8. 应变能力					
	9. 判断分析能力					
	10. 自我认识能力					
相关的工作经验及专业知识	11. 工作经验					
	12. 掌握的专业知识					
	13. 学习能力					
	14. 工作创造能力					
	15. 所具备的专业知识、工作技能与招聘职位要求的吻合性					
录用适合性评价	16. 个人工作观念					
	17. 对企业的忠诚度					
	18. 个性特征与企业文化的相融性					
	19. 稳定性、发展潜力					
	20. 职位胜任能力					
总得分						
人才优势评估			人才劣势评估			
评价结果						
建议录用	安排再次面试		储备		不予录用	
	时间：					

问）您可不可以说说你在薪酬方面的心理预期？（待回答完毕后）那您刚才的意思也可以这样理解：薪酬方面可以适当低于您的心理预期，对吗？（若对薪酬不太让步，可问）有人说挣未来比挣钱更为重要，您怎样理解？（若薪酬排在第一位，问）有人说挣未来比挣钱更为重要，您怎样理解？

4. 您觉得您在以前类似于我司提供的这个岗位上的工作经历中有哪些方面做得不足？（若答有，问）您打算在以后的工作中采取哪些改善措施？（待回答完毕后，继续发问）您再想想如果到我们企业来任职还有没有补充改善措施？（若答无，问）您好像不太连续去追求卓越，您认为您能胜任我们提供给您的这份工作吗？

五、兴趣爱好（知识广博度）

1. 您工作之余有哪些兴趣爱好？兴趣中有没有比较拿手的？

2. 您在大学所设的专业课中最感兴趣的是哪一门？（待回答完毕，问）谈谈您对所在兴趣的相关看法。

3. 您是怎样理解自然科学（比如数学）与社会科学（比如政治经济学）之间关系的或者说两者有何异同？

4. 就您个人的理解说说您对我们企业所处行业（电子产品制造业）的前景和生存途径。

5. 谈谈您目前想去学习或弥补的知识。

6. 如果让您重新选择一次，您对自己的专业领域会有所改变吗？

六、情绪控制力（压力承受力）

1. 我们的工作与生活历程并不是一帆风顺的，谈谈您的工作或生活或求学经历中出现的挫折或低潮期，您是如何克服的？（如果回答无此经历，问）您的生活是不是太过于顺畅，成长中往往伴随着失败，您觉得自己的成长来自于哪些方面？

2. 请您举一个您亲身经历的事例来说明您对困难或挫折有一定的承受力？

3. 假如你的上司是一个非常严厉、领导手腕强硬，时常给您巨大压力的人，您觉得这种领导方式对您有何利、弊？

4. 您的领导给您布置了一项您以前从未触及过的任务，您打算如何去完成它？（如果有类似的经历说说完成的经历）

5. 您有没有过失业或暂时待业经历，谈谈那时的生活态度和心情状态。

6. 您有没有过在感情上的失败或不顺利经历，它对您那时和现在的生活有什么样的影响？

7.假如您喜欢上了一个人，但您对他（她）表白后受到拒绝并说你们是不可能的，拒绝的原因是她已有男朋友，但她也并不讨厌你，接着您将采取什么行动？

8.假如在公众场合中，有一个人有意当众揭您的短处或您的隐私，您怎样去处理？

9.谈谈您以往职业生涯中最有压力的一两件事，并说说是如何克服的。

10.谈谈您以往职业生涯中令您有成就感的一两件事，并说说它给您的启示。

七、上进心与自信心

1.谈谈您求学经历中令您感到成功的事例及成功的因素。

2.说说您对成功的看法。

3.您认为自己有什么资格来胜任这份工作？

4.说说您未来3～5年的职业定位计划。

5.您如何看待学校的学习与工作中的学习的区别。

6.谈谈您最近的充电经历，并说说它对您的益处。

7.您怎样看待游戏中的输赢。

8.谈谈您认真追求过的一件事或一个

人，并说说过程和结果。

八、责任感与归属意识

1.请描述一下您以往所就职企业中您认为最适合您自己的企业文化的特点。

2.您的下属未按期完成您所布置给他的任务，如果您的上司责怪下来，您认为这是谁的责任，为什么？

3.描述一下您对上司所布置任务的完成思想与过程。

4.当您所在的集体处于竞争劣势时，您有什么想法和行动？

5.往往跨组织的任务中，由于涉及过多成员，最后易形成"责任者缺位"现象，您如果身处其境，会是什么心态？

6.您每一次离职时有没有过失落感？您跟过去就职过的企业的一两个上司或同事还有联系吗？并说说他们目前的处境。

九、管理能力

(一) 领导与指挥

1.请问您在求学经历中参加过哪些社团组织或参加过哪些公益活动，您在其中扮演什么角色？

2.课堂上您对老师的讲解有所疑惑，您是采取何种方式去消除这种疑惑的？

3.在长途旅行的火车或飞机上，您不

认识周围的人，大家都在沉默，您是如何去适应这种陌生环境的？

4. 工作中您发现上司的管理方式有些不妥，并有了自己的想法，您此时如何去做？

5. 在您以往的工作中是如何去约束部属的，是如何去调动他们积极性的？

6. 假如您是足球队队长，而队中有两名队员有些不和，他们都是主力队员，而此时有一场重要比赛，您如何去协调和处理？

7. 您认为上司对部属做些什么更利于他们的成长？

（二）计划与控制

1. 您来面试的过程中有没有想过整个过程？说说您先前是如何打算应对这场面试的，包括各个阶段。

2. 举个例子来说明一下您曾经做过的一个成功计划及实施过程。

3. 假如您今天晚会有一场重要的约会，说说您打算怎么去应对？（可提示答案方向：是倾向于去了再随机应变，还是事先做好策划）

4. 工作中您发现自己的实施结果与事先计划出现较大的偏差，你将如何去行动？

5. 您觉得自己的个性适合井然有序的工作环境还是灵活自如的工作环境？或者是其他任何形式的。

6. 说说您对下属布置的任务在时间方面是如何要求的？

7. 说说您在完成上司布置的任务时，在时间方面是如何要求自己的？

（三）决策

1. 您在逛超市时，碰到了一件十分符合您审美意识的物品，尽管这件物品目前对您来说没有多大的实用价值，您此时会有什么行动？

2. 假如您现在的月收入是 3000 元，您在商场看上了一件非常符合您审美意识的西装，价格 2800 元，您倾向于怎么做？

3. 假如您目前的处境不算太好，而此时你一位十分要好的朋友跟您借相当于您 10% 财产人资金且归还期较长，您会如何去做？

4. 您在购买您所需要的一件重要物品时，是如何去实施的？

5. 您对一个紧急决策项目收集了八成信息，您下一步倾向于如何去做？

6. 说说您是怎样理解决策方案中的"最优"与"更优"的关系，它们对您的决策思想有怎样的影响？

（四）授权与激励

1. 假如您是部门领导，您设想您在每半月一次的会议议程中该如何去部署会更好？（可提示回答方向：直奔主题，还是先给部属打气）

2. 您跟您部属在一个月里的业余沟通的频率是多少？您目前有几个部属？（待回答完后，问）简单说说他们各自的优缺点？

3. 您以往在领导岗位中，一个月内分别有哪些主要的工作任务？（可提示回答方向：开会、跨组织协调、日常事务管理、审核资料、策划方案、实施方案等），它们占用您时间比例是怎样的或者说各自的频率是怎样的？

4. 当您发现您的部属目前士气较低沉，您一般从哪些方面去调动？

5. 说说您在以往领导岗位中出现管理失控的事例及事后的原因分析。

6. 描述一个您在以往工作经历出现的士气较低沉的团队氛围的情景，那时您的角色是怎样的，现在回想起来有何感触？

7. 您的部属在一个专业的问题上跟您发生争议，您如何对待这种事件？

注：

1. 本题库前八个提问项适合所有应聘者，第九项适合中层以上管理人员；

2. 本题库所涉及的每个提问项中至少要提一个问题，并对已提的问题做勾选；

3. 结构化面试时间控制在 30～45 分钟；

4. 结构化面试完毕后，若时间充足可进行非结构化面试（灵活提问）；

5. 面试完毕后，一定要留出 5～15 分钟时间给面试者提问。

6. 以上问题仅限于测试个性倾向和一般通用能力、专业能力测试可自行添加

面试结束后，进入笔试。下面是财务人员招聘的笔试题范例，全是问答题，只有问答题才能考察水平。专业能力、综合能力、职业素养方面各考几个问题，没有标准答案。那怎么评判好和坏？比较应聘人的回答，就可以比较出好坏。

【管理工具】财务招聘常用笔试题目

专业能力部分

· 设置好的会计核算系统的关键有哪些？

· 月末结账有哪些关键步骤？你认为有什么好的方法保证结账的顺利进行？

· 固定资产管理和核算工作的核心是

什么？

· 财务管理报告系统应包括哪些方面，为什么？

· 如何做好应收账款的分析和管理工作？

· 对于一个中小型制造企业，如何保证存货和成本的正确性？

· 如何进行产品赢利能力分析？

综合能力部分

· 三个月内成功地将企业的会计核算从手工账实现软件化需要做哪些关键工作？

· 如何做好企业的税务工作？

· 如何做出让老板满意的财务分析报告？

· 你在上一个工作开始时是如何适应新工作的？

职业素养和价值观部分

· 假设你所在的企业老板不重视财务工作，你怎么办？

· 假设其他业务部门不配合财务部工作，你怎么办？

· 假设你手下的员工工作总是不能按时完成，还经常出错，你该如何做？

· 你是如何利用上班时的闲暇时间的？

· 你用什么办法保证财务报告数字不出错？

招聘程序第三步，背景调查。什么叫背景调查？背景调查就是要查应聘者过去的经历，在面试之前，要先把应聘人员上一任的工作岗位、老板的姓名、电话，人力资源总监姓名、电话都留下。如果在上一任的工作单位工作时间低于一年的话，要求提供再上一任企业的名字，老板的姓名、电话，人力资源总监的姓名、电话。填完这个单子，留下这个信息之后，才能进入面试。如果有人不愿意留下信息，那就说明这个程序已经起到了筛选的作用。

那么，要求应聘人员提供这些信息，是真的要调查么，还是仅仅对应聘人员增加压力？是不是真的调查，要打电话去询问对方，甚至实地去那家企业做调查这个人怎么样。那么，打电话过去做调查，接电话的人会说实话吗？放心，他会说实话。因为这边打电话过去，是先选择相信他说的话，中国最值钱的就是让别人信任。应聘人员以前的老板会说实话，如果这个人不能用，他比调查人员还着急。

招聘程序第四步，入职并确定紧急联系人。入职之后，财务岗位也好、出纳岗位也好，都必须留下入职人员的紧急联系人，包括家庭地址，配偶的姓名、电话。这也不是针对某个人、某个岗位，对所有人、所有岗位都这么操作。如果一个人连自己的老公是谁都不愿意说，家庭地址都不愿意告诉提供的话，这样的人保留的东西太多，很难说没有问题。曾经有这样的事，一个财务拿假身份证去面试，干了两年，卷款潜逃了。老板报案之后才知道那个身份证是假的。

资源受限时的取舍

资源受限的时候怎么办？所谓资源受限，就是人合适、钱不合适，或者钱合适、企业不合适，反正都不合适。这个时候要考虑怎么招聘，比如招聘一个出纳，是要有经验的还是刚毕业的？这时候要调整一下，在资源受限的时候，可能要舍弃一些东西。

【案例】出纳岗位招聘

出纳的专业性是不太重要的，工作内容熟悉几天就会了。但是，出纳管钱，最重要的是选特别有安全保证的人。如果有两个选择，一个背有巨额债务，另一个是

家庭条件特别好的人，如何选择？肯定选那个专业性差一些，但是家庭条件还比较好的人，这不是歧视的问题。要考虑细的话，出纳和会计的性格都要有差别，会计和出纳最好是永远成不了朋友。虽然有内控流程的要求，但流程也禁不住串通，如果一窝人都一块作案，内控就失效了。

有这样的案例，一家企业的出纳和销售员谈恋爱，销售员对出纳说："以后我们要结婚、成家，我们的钱也不够。我现在想自己出去做生意，什么都有了，就是差点钱。"出纳说："好办。"就把企业的钱挪用给销售员。资金挪走后生意做亏了，平不了账，最后被会计查出来了。这个出纳还是老板的表妹，出纳对会计说："钱是我拿了，你有两个选择，一是你去报告老板，反正我是老板表妹，二是你也可以拿走60万。"这是真实的案例，说明串通就麻烦了。但也不用过度担心，毕竟这种窝案的概率非常小。

【管理工具】

资源受限情况下的招聘
决策与取舍问题

1.时间紧急怎么办？应该怎么掌握招

聘火候？时间紧可以降低要求吗？

对于初级和事务性的工作，为避免压力过大，可考虑先招临时工或实习生。对于重要的岗位，如财务分析、资金主管、财务主管等宁可暂时将工作分担一下，或者工作时效和质量下降，也要坚持找到合适的人，否则会造成恶性循环。

2. 候选人很合适，但是要求条件高怎么办？（职位、薪酬待遇、职业发展、岗位职责等）

坦诚，对职位、待遇及发展等方面如实相告，并告之这些以外的企业发展前景、团队工作氛围、培训与学习、工作本身的挑战，企业对优秀员工的保留与激励政策等。

3. 应聘的人与待招聘的岗位技能匹配度不够，但是这个人很有潜质，怎样取舍？

对于初级和容易掌握技能的岗位，可允许在技能上有较低的匹配；对于中高级相对需要较强技能行业经验的岗位，需要有一定程度的匹配度，如果匹配度较低，但根据了解，此人能较快速地学习掌握，也可考虑。

4. 如果候选人其他条件都一样，一个表达能力不行，另一个逻辑能力不行，要哪个？

依所招聘的岗位及此岗位所要求的核心能力而定。如果是跟客户及其他部门打交道多的职位，比如信用控制、员工报销、资金管理，需要沟通表达能力较好的；如果招的是成本会计、财务报告、会计主管等需要良好的系统和逻辑思维能力的岗位，逻辑能力要重于表达能力。

5. 候选人学识、经验、专业技能都不错，但非常个性化怎么办？（性格、脾气、与人打交道的方式）

要判断所招的岗位是否需要大量与团队同事或其他部门打交道，如果有大量打交道的情况而团队又比较重视和谐，最好忍痛不招。

6. 两个候选人都一般，一个经验多、岁数大，另一个经验少、年轻，你更喜欢要哪个？

不成熟、不规范的企业一般选经验多的，成熟、规范的企业可选经验少但年轻有潜力的。

7. 一个听话的，但是能力弱；另一个水平不错，但是比较张扬，有点儿好高骛远，要哪个？

依所招岗位以及你本身的能力和威信而定。

8. 如果一个人很机灵，潜质也不错，就是没做过会计，怎么办，你会考虑用吗？

如果我有时间教他（她）且这个职位不要求高深的专业背景如费用会计、固定资产管理等可以考虑。

9. 智商、逻辑、态度、性格、外貌、知识背景、人品、专业文凭、经验、过去工作背景，其中任何一个有缺陷的情况下，你如何排序？

依其对所做工作的核心程度、重要程度和不易获得程度排序。一般我个人的排序为态度、人品、经验、性格、逻辑、智商、知识背景、过去工作背景、专业文凭。

10. 如果各方面都好，只是很计较待遇，你怎么考虑？（要求高一点儿，或者对细节要求比较多）

如果职位需求不是十分紧急，对于"计较"的人要非常慎重地考虑，因为他们把心思花在个人利益的细节上，可能因心理不平而严重影响工作绩效。

11. 我们没有那么多的渠道，到哪里去找人？打广告没钱，资源受限怎么办？

通过内部推荐，熟人朋友介绍。也可以花相对少的预算购买简历搜索服务。

12. 可以按照财务领导的个性喜好招人吗？

如果财务领导的个性喜好与所招岗位核心能力需求不矛盾，也不会影响团队士气，可以考虑领导的喜好。

13. 如果候选人长得不漂亮怎么办？可以以貌取人吗？

除非长相影响到团队气氛和客户满意度，否则漂不漂亮与录用决定无关。

14. 在招人的过程中，人事部门与财务部门的意见不一致怎么办？

人事部门根据经验往往对人的性格、态度、价值观、团队合作方面把握较好，财务部门在这方面还是要虚心听取。财务部门对专业能力和职业素质最有发言权，二者意见不一致时，可坦诚地讨论影响未来业绩的最重要素质和能力。最终，因财务部门是用人部门，用人的决定权和责任都在财务部门，要尊重财务部门的选择。

15. 你看中了对方，但是，对方没看中你，你要游说他过来吗？

我要尽力坦诚地给对方介绍企业的情况，团队的情况，工作的挑战，可以在这里得到的学习和发展机会，也可以邀请对方参观企业，但不以未来的职位待遇许诺来游说。

16. 如果两个人的气场不契合怎么办，还考虑吗？

一般不考虑，气场不契合会造成心理紧张、猜测、沟通效率低下。

17. 下属或者团队成员对新招的人有要求，你会考虑增加权重因素吗？（比如，要个男的）

应该考虑，毕竟新招的人要在团队中工作，只有团队形成合力，才能最大限度地发挥员工才能。

18. 条件合适的应聘人在企业内部有关联关系，如何处理，要还是不要？

如果是非关键利益冲突型的关联关系可以考虑，但也要征得主管人事和业务的领导同意。

19. 你在招聘的时候会考虑男女比例和年龄大小吗？

一般不考虑，因为财务工作性质本身决定了女生更适合财务工作，但是会考虑年龄结构。

20. 如果是企业其他部门的人应聘怎么办？你会怎么考虑？

考虑两个方面，一是所招职位工作性质，是否要求很强的专业背景；二是这个人是否在其他部门做得很好并有所成就。

7.5　财务人员的考核

首先，财务人员是不好考核的，常见的考核方法用于考核财务人员都不是太合适。因为财务是一个职能部门，职能部门的考核指标，行为指标权重比较大。考核员工有两类指标，一类指标是行为指标，另一类指标是业绩指标。考核业务部门，业绩指标占的权重大，业绩指标要占不低于 70% 的比例；考核职能部门，行为指标占的权重大，业绩指标一般不超过 30%。

业绩指标一般是财务数据，如销售额、费用率、坏账率等，比较好考核。但是行为指标就不是那么好考核，尤其是对专业性比较强的岗位，企业里谁来考核这个会计工作干得好还是不好？只有财务总监能考核，如果财务总监刻意维护下属，那就很难保证考核公正了。所以财务人员不好考核。那么还考核吗？如果考核不明白，就不如不考核。但不考核，时间长了，人会变得懒散，也没有活力。

所以能考核还是要考核，但是不要考核得太频繁。刚刚起步的企业，或者特别成熟的企业，可以只做年度考核，一年考核一次。其他类型的企业，一个季度考核一次，一年综合评价一次就可以了。至于考核指标的设置，可以把对财务人员的考核纳入企业的绩效考核体系，指标包括工作岗位职责、及时性、准确性等。

后 记

这仅仅是开始！

当你读完本套丛书，掩卷沉思，露出会心一笑的时候，是否这套丛书已经完成了它的历史使命？

不，这仅仅是开始。从"知道"到"做到"，还有很长的路要走。老师、书籍能够做到的是"领进门"，而"精通"是让知识体系成为自身素养的一部分；"做到"是让书本上的知识成为实实在在的企业业绩，还要靠读者自己的"修行"。

我们不介意读者"蹂躏"本套丛书，在书上画线、做标记，在空白处写上自己的阅读心得，把书作为企业内训的教材，甚至借给朋友阅读，真正将书读"破"，这套丛书才起到其应有的作用，而不是只作为书柜里的装饰品。

投入实践，是学习知识的重要目的，也是将知识转化为生产力的唯一途径。不妨现在就拿出纸和笔，把你面临的企业管理问题都写下来，然后翻阅本套丛书的目录，尝试在问题点与知识点之间画出连线，进而思考如何使用学到的知识去解决面临的问题。

子曰："学而时习之，不亦说乎。"学到之后，不停在实践中练习，收获的将不仅是企业业绩的提升，还有心灵的愉悦。

当然，料想你会感到意犹未尽，因此，长财咨询近期还会将广受企业家欢迎的"激励系统""资本思维"两门现场课程内容整理出版，满足爱学习的你。敬请期待。

致　谢

本套丛书在编写过程中，参考了大量的相关书籍，在此一并表示感谢。由于编写者水平所限，书中不足之处在所难免，恳请广大读者斧正。

另外，诚挚感谢长财咨询陈晴、陈振灿、孙从青、朱宝珠及曹敏等同志在编写本套丛书的过程中所付出的辛勤劳动。

图书在版编目(CIP)数据

财务通：直达成功企业的财务智慧 / 刘国东著. --
北京：社会科学文献出版社，2018.6（2022.10重印）
（长财咨询. 企业管理系列）
ISBN 978-7-5201-2772-1

Ⅰ. ①财… Ⅱ. ①刘… Ⅲ. ①企业管理－财务管理
Ⅳ. ①F275

中国版本图书馆CIP数据核字（2018）第096943号

·长财咨询·企业管理系列·

财务通：直达成功企业的财务智慧

著　　者 / 刘国东

出　版　人 / 王利民
项目统筹 / 恽　薇　王婧怡
责任编辑 / 陈　欣
责任印制 / 王京美

出　　版 / 社会科学文献出版社·经济与管理分社（010）59367226
　　　　　　地址：北京市北三环中路甲29号院华龙大厦　邮编：100029
　　　　　　网址：www.ssap.com.cn
发　　行 / 社会科学文献出版社（010）59367028
印　　装 / 三河市东方印刷有限公司

规　　格 / 开　本：787mm×1092mm 1/16
　　　　　　印　张：13.75　字　数：205千字
版　　次 / 2018年6月第1版　2022年10月第11次印刷
书　　号 / ISBN 978-7-5201-2772-1
定　　价 / 48.00元

读者服务电话：4008918866

▲ 版权所有　翻印必究